ÉLEUSIS

SES MYSTÈRES, SES RUINES ET SON MUSÉE

PAR

DÉMÉTRIOS PHILIOS

directeur des fouilles

(1882-1894)

Avec un plan en couleurs.

ATHÈNES

IMPRIMERIE ANESTIS CONSTANTINIDES

1896

ÉLEUSIS

SES MYSTÈRES, SES RUINES ET SON MUSÉE

(avec un plan en couleurs)

PAR

DÉMÉTRIOS PHILIOS

directeur des fouilles

(1882-1894)

ATHÈNES

IMPRIMERIE ANESTIS CONSTANTINIDES

1896

AU LECTEUR

Les étrangers qui visitent Athènes ne manquent guère de visiter aussi Éleusis. Les descriptions d'Éleusis qu'ils trouvent dans les guides ne m'ont pas satisfait. C'est pour remédier aux inexactitudes et aux lacunes de ces ouvrages que j'ai écrit ce livre. Puisse-t-il instruire et satisfaire ceux qui feront le pélerinage de la ville sacrée.

D. Philios.

Historique

A en croire la légende, le premier nom d'Éleusis aurait été Saisaria ; le nom d'Eleusis, c'est à dire d'*arrivée*, lui serait venu d'avoir marqué le terme des pérégrinations de Déméter.

Quels ont été les premiers habitants d'Éleusis ? Selon les plus vieilles traditions, la Grèce aurait été habitée d'abord par les Pélasges, populations agricoles venues, nous dit-on, des régions situées au nord de la Grèce, dans le massif des Balkans. A l'époque historique, Hérodote fait mention de Pélasges qui existaient encore à Samothrace, et qu'il qualifie de barbares, parce qu'ils parlaient une autre langue que le grec. Les Pélasges ne devaient pas d'ailleurs différer beaucoup des Hellènes, qui après eux occupèrent la Grèce ; ils appartenaient sans doute à la grande famille des tribus aryennes, qui avaient quitté les plateaux de l'Iran pour les pays occidentaux. Il est croyable même que sous le nom générique de Pélasges, les Grecs aient désigné les diverses tribus parentes qui, arrivées successivement en Grèce, formèrent le noyau de la race, qui devait être la race grecque.

Si la tradition ne fournit que des notions vagues et confuses sur les tout premiers habitants de la Grèce, les fouilles récentes ont au contraire illuminé l'obscurité des temps préhistoriques ou mythologiques, l'époque de la guerre de Troie, et l'époque encore plus ancienne, jusque vers le XVIIe siècle avant J.-C.

Il se produisit à intervalles plus ou moins longs jusqu'au milieu du IXe siècle des migrations de tribus septentrionales vers les pays du midi. Ces tribus, plus belliqueuses que les premières venues, s'établissaient en maîtresses. Ainsi firent, par exemple, les Achéens qui, venus sans doute du nord, s'installèrent dans la partie méridionale du Peloponnèse où leurs rois, les Atrides, fondèrent la brillante dynastie célébrée depuis par les chants homériques Ainsi firent les Minyens, fondateurs eux aussi d'une opulente monarchie, à Orchomène de Béotie. La tradition fait encore mention d'étrangers venus d'Asie Mineure par les chemins de la mer, et qui s'étaient mêlés aux premiers indigènes : la race même des Atrides tirait son origine d'un Phrygien, Pélops. Il est probable que, dans l'histoire de ces personnages fabuleux, la légende ait conservé le souvenir d'événements réels, et des relations qui, en se multipliant entre l'Asie et la Grèce, transportèrent dans celle-ci les germes de la civilisation de celle-là, et firent en Grèce commencer la richesse. Les fouilles récentes de Mycènes et de Tirynthe nous ont renseignés sur la nature de cette civilisation.

L'Attique ne pouvait échapper à ce flot d'invasions, et aux transformations qui devaient en être la conséquence. Elle aussi avait été selon la tradition habitée d'abord par les Pélasges. Mais en Attique aussi, les Pélasges furent obligés de céder pied devant les envahisseurs, ou de se mêler à eux. La lutte y paraît seulement avoir été plus longue, le sol peu enviable de cette partie de la Grèce n'ayant dû tenter la convoitise que d'un petit nombre d'envahisseurs. Ceci explique le fait rapporté par Hérodote qu'à une époque où les nouveaux venus tenaient déjà l'Acropole et les environs d'Athènes, les Pélasges occupaient encore les flancs de l'Hymette. L'Attique finit d'ailleurs par suivre le même destin que le reste de la Grèce : les nouvelles tribus, et la civilisation qu'elles se formèrent sous l'influence de l'Orient finirent par l'emporter. C'est du moins ce dont témoignent les tombeaux de l'Attique, qui pour cette époque ne diffèrent point de ceux de l'Argolide et de la Thessalie. Il n'est pas jusqu'aux faibles vestiges du très ancien palais de l'Acropole d'Athènes qui ne décèlent une civilisation identique, une organisation sociale commune.

Sur l'acropole d'Éleusis, il ne reste par malheur aucune trace de demeures préhistoriques ; mais quelques tombeaux qu'on y a découverts, un surtout dont on parlera plus loin, montrent qu'il régnait à Éleusis pendant l'époque très ancienne la même civilisation que dans le reste de l'Attique.

Dans les temps immédiatement postérieurs, les Ioniens ne tardèrent pas à prendre parmi les tribus qui avaient envahi l'Attique une importance prépondérante. Il est probable qu'ils y étaient venus du nord par la terre ; peut-être aussi y étaient-ils venus par la mer. La tradition les rattachait aux Achéens : Achéos et Ion, les chefs héroïques des deux tribus, étaient frères et fils de Xuthos, lequel était fils d'Hellen, comme Doros et Eolos, les fondateurs des deux autres races hellènes, la dorienne, et l'éolienne. A en croire encore la tradition, les Ioniens auraient même envahi le Péloponnèse ; ils en auraient occupé la partie septentrionale, et en auraient été chassés plus tard par les Achéens. C'est peut être une légende des temps postérieurs ; peut être les Ioniens avaient-ils conquis une partie de l'est du Péloponnèse, le pays de Trézène et d'Epidaure Limera ; mais de cette conquête il n'est pas resté de traces. En Attique au contraire, ils s'établirent sûrement de bonne heure, et d'abord dans la partie orientale, dans la région de Marathon. Avec le temps, ils étendirent leurs établissements, et après avoir occupé le pays autour d'Athènes, ils soumirent peu à peu toutes les dynasties indépendantes de l'Attique. Le souvenir de ces événements s'était conservé à l'époque historique dans la fête des *Synoïkia*.

Cette soumission des dynasties indépendantes ne s'accomplit ni aisément ni vite. Éleusis notamment fit une résistance opiniâtre. La position de cette ville, sur les routes reliant l'Attique à la Béotie et à la Mégaride, le voisinage de Salamine, où les Phéniciens avaient de bonne heure installé un comptoir, la possession de la plaine Thriasienne et des montagnes, couvertes de riches forêts, sa baie sûre et poissonneuse, et enfin les puissants alliés qu'elle avait au Nord et à l'Ouest, tous ces avantages lui avait permis, semble-t-il, de se poser comme une rivale d'Athènes ; mais elle était destinée elle aussi à se courber devant l'autre.

On ne sait au juste quand cet événement s'accomplit : probablement au septième siècle. En tous cas, il est sûr qu'Éleusis avait déjà reconnu la suprématie athénienne avant Solon, c'est à dire avant l'an 600. De fait, sans la possession d'Éleusis, toute tentative de Solon sur Salamine eût été vaine et condamnée à un échec certain.

La légende, qui confond presque toujours les hommes et les choses, fait remonter la conquête d'Éleusis par Athènes jusqu'aux temps héroïques. La lutte décisive aurait eu lieu pendant le règne d'Erechthée ; Eumolpe, avec des Thraces, serait venu au secours des Éleusiniens. Selon une autre tradition, le chef Thrace accouru pour défendre Éleusis aurait été Ismaros, fils d'Eumolpe, et gendre de Tégyrios, lequel Ismaros aurait péri dans un combat singulier avec Erechthée. Ces légendes contiennent indubitablement quelque vérité: il est certain qu'Éleusis fut secourue par les Béotiens, dans les rangs desquels se trouvaient peut-être des Thraces, débris des tribus thraciques, qui à une époque lointaine s'étaient établies en Phocide et en Béotie.

Après une lutte qui dut être longue et opiniâtre, Éleusis dut donc se soumettre ; mais, à en croire encore la légende, elle ne le fit pas sans conditions. Elle demanda et obtint quelques privilèges, celui par exemple de frapper de la monnaie de cuivre. La soumission, d'ailleurs, fut complète.

Les Athéniens, définitivement maîtres d'Éleusis, en comprirent immédiatement l'importance stratégique. Sous les Pisistratides, au VIe siècle, elle devient une place fortifiée de premier ordre. Depuis sa réduction, Éleusis n'a plus d'ailleurs d'histoire particulière. Elle forme un dème de l'Attique, compris dans la tribu Hippothontide. Sous les Trente Tyrans, elle sert de refuge à ceux de ce gouvernement qui n'avaient pas voulu traiter avec Thrasybule, et risque ainsi de devenir un état dans l'état ; le danger est écarté, le parti des Trente disparaît, Éleusis redevient, comme devant, partie intégrante de la république athénienne. Sous l'hégémonie des rois de Macédoine, la conservation et la défense d'Éleusis fut une des plus constantes et plus importantes préoccupations d'Athènes. Négligée comme place forte sous les Romains, elle est au contraire, à cause de son sanctuaire, la favorite et comme l'enfant gâtée des empereurs, surtout des Antonins. Plus tard, quand les Barbares envahirent la Grèce, elle redevint, à une époque qu'on ne peut encore fixer avec précision, une place fortifiée. D'après Eunape, elle fut cruellement ravagée par les Wisigoths d'Alaric (396 ap. J.-C.). Mais ni Eunape, ni aucun autre auteur que je sache ne dit formellement que le temple ait été détruit lors de cette invasion. Zosime raconte au contraire qu'Alaric, effrayé par l'apparition de fantômes, ne fit que traverser l'Attique. Enfin, nous savons de façon sûre que la célébration des Mystères cessa sous Théodose II. Je crois que le temple fut détruit plus tard, e que ce ne sont pas les hommes, mais les tremblements de terre qui en ont commencé la ruine.

Sous les Byzantins, Éleusis se releva ; réparée probablement sous Justinien avec les autres forteresses, elle put résister aux invasions venues du Nord. Le mur qui entoure l'Acropole me paraît de cette époque. Elle dut subsister comme place fortifiée jusqu'aux dernières années de la domination franque ; c'est de ce temps peut-être que date la tour dont les ruines se voient encore sur le sommet de la colline.

Les ruines d'une assez vaste église byzantine,

près de la chapelle de St Zacharie, prouvent que
la population était encore nombreuse vers le Xe
siècle. Elle commença depuis à décroître. La pé-
riode orageuse de la domination franque contri-
bua tant à cette décadence que le pays était presque entièrement désert lors de la conquête de la
Grèce par les Turcs. Trouvant le pays d'Éleusis
abandonné, des Albanais de la tribu des Toscs
s'y établirent à une époque qu'il n'est pas possible de préciser. Il semble qu'ils aient d'abord
bâti, pour avoir le moyen de cultiver la plaine,
des cabanes où ils passaient l'hiver. Leur demeure fixe était à 20 kilomètres de là, au village
de Coundoura, sur la route de Thèbes, ou encore
à Salamine : ils ne s'étaient pas établis à Éleusis
par crainte des pirates, et à cause des fièvres.
Voici du reste la description que fait d'Éleusis le
voyageur Spon, qui l'a visitée en février 1776 :
«Éleusis, appelée présentement Lefsina, était
une ville raisonnable pendant qu'Athènes floris-
sait. Elle est déchue avec elle, et maintenant les
corsaires chrétiens, de beaucoup plus inhumains
que les Turcs, l'ont si maltraitée que tous les
habitants généralement l'ont désertée et qu'on
n'y voit plus que des ruines. Mais à propos de
corsaires, il faut vous dire l'aventure qui nous y
arriva et qui nous fit prendre pour des gens de ce
caractère. *Faute de logis et de couvert pour nous recevoir*, nous étions venus mettre pied à terre dans
les débris du temple de Cérès.......La plaine voi-

sine a sept ou huit milles de long et quatre de large, et est toute labourée.»

C'est au siècle dernier qu'il s'établit à Éleusis des habitants à demeure; ils s'installèrent sur l'emplacement même du sanctuaire. Aussi la société archéologique des *Dilettanti*, qui en 1811 avait obtenu par firman l'autorisation d'y pratiquer des fouilles, ne put faire que peu de chose, faute de ressources pour exproprier les paysans.

Lors de la guerre de l'Indépendance, les gens d'Éleusis furent des premiers à prendre les armes et unirent leurs efforts à ceux des autres Hellènes pour l'affranchissement de la Grèce. Ils reçurent en revanche le bienfait de la liberté. Mais leur pays, si souvent dévasté par les invasions, était toujours insalubre, désolé par la fièvre. De plus, leur village, placé sur la colline, manquait d'eau. La population restait donc stationnaire. Mais l'accomplissement des temps devait venir pour ce village aussi. La science allait prendre possession du sanctuaire. les habitants allaient descendre de la colline où ils avaient établi leurs masures. En 1860, une première tentative fut faite par le gouvernement hellénique, qui acheta et démolit quelques maisons près des Grands Propylées. Des fouilles furent pratiquées en cet endroit par l'archéologue français Fr. Lenormant. Faute de ressources, l'oeuvre à peine commencé, fut interrompu.

Il a été repris récemment. Le gouvernement

hellénique a affecté jusqu'à ce jour 200.000 drachmes à l'expropriation d'une grande partie du village, et la Société Archéologique d'Athènes a fait des fouilles qui lui ont coûté près de 150.000 drachmes. Ces fouilles ont doublement profité aux habitants : devenus plus riches, ils se sont bâtis dans la plaine de meilleures maisons ; et avec les terres provenant des fouilles, ils ont comblé les marais, assaini le pays. La construction du chemin de fer du Péloponnèse a rendu les communications plus faciles avec Athènes. Les gens d'Éleusis y ont gagné plus de lumières, et partant de bien être. Ils ont fait des plantations qui ont rendu au pays son ancienne salubrité, et l'a transformé en une agréable station estivale. A présent tous les habitants d'Éleusis sans exception parlent le Grec moderne aussi bien que leur langue maternelle.

Les Mystères.

I. LA PROCESSION

Deux mois avant la pleine lune du mois de Boédromion, qui correspond à peu près au mois de septembre (vieux style), des messagers, pris dans les familles sacerdotales des *Kéryces* et des *Eumolpides*, allaient porter l'annonce de la célébration prochaine des mystères à ceux des Grecs qui étaient en bonnes relations avec Athènes ; à ceux avec qui la cité était en guerre, ils annonçaient la trève sacrée ; c'est pourquoi on les appelait les *spondophores* (σπονδή = trève). Cette trève, qui durait deux mois, assurait la liberté des communications, et donnait le temps de participer à l'initiation. Les barbares n'étaient pas initiés, quoiqu'on ait fait exception pour quelques uns d'entre eux. Les Romains au contraire, prirent part aux mystères : on ne les comprit pas au nombre des barbares.

L'initiation aux mystères du mois de Boédromion devait être précédée de celle des petits mystères, ou mystères d'Agra ; on les célébrait ceux-ci, non à Éleusis, mais à Athènes, sur la colline d'Agra à droite du Stade, dans un temple de Déméter et de Coré. Nous ne savons presque rien de la nature de ces mystères d'Agra ; nous savons seulement que c'était une espèce de préparation et de purification pour les grands mystères de Boédromion. Ils se célébraient au mois d'Elaphébolion, après la fêtes des Anthestéries, au commencement du printemps. Il y avait en leur faveur une trêve sacrée comme pour les grands mystères. Les étrangers devaient donc, pour arriver à l'initiation complète, venir deux fois à Athènes, au printemps pour les petits mystères, en automne pour les grands.

Dès les petits mystères, les futurs initiés, les *mystes*, avaient leur *mystagogue*, qui leur enseignait ce qu'ils devaient savoir pour se présenter à l'initiation aux grands mystères. Nous ne savons pas au juste en quoi consistait cet enseignement. Il semble bien cependant que les mystagogues, choisis eux aussi parmi les Eumolpides et les Kéryces, apprenaient anx mystes la légende des déesses éleusiniennes, Déméter et Coré, telle que la conservaient les deux familles sacerdotales. On apprenait encore aux mystes les purifications et les rites préparatoires, les jours où il fallait jeûner, les aliments dont on devait s'abstenir surtout pendant la durée de la fête, les nombreux sacrifices préliminaires qu'il fallait offrir avec les mystagogues. Cet enseignement avait pour but de faciliter au myste la compréhension du drame mystique de l'initiation. Il constituait une préparation sans laquelle personne n'était admis aux mystères.

A l'approche de la fête, les étrangers arrivaient à Athènes, et avec eux les spondophores. Au temps de la grande puissance d'Athènes, les villes tributaires envoyaient des représentants officiels pour donner plus d'éclat aux fêtes, et offrir aux deux déesses les sacrifices d'usage.

Le 14 du mois de Boédromion, à la pleine lune, les prêtres du temple d'Éleusis, à leur tête le *Hiérophante* et le *Dadouque*, tiraient de l'*Anactoron* (on désignait ainsi probablement une partie du *Télesterion*) les objets sacrés, qu'ils portaient processionnellement à Athènes, suivis d'une grande partie de la population d'Éleusis. Toute la ville d'Athènes, se portait à leur rencontre ; aux derniers temps les éphèbes en corps allaient jusqu'aux *Rheitoi*, les deux lacs salés qui sont sur la route d'Éleusis, à 12 kilomètres d'Athènes et formaient jusqu'à la ville comme une garde d'honneur autour des objets sacrés. Une fois à Athènes, on les déposait dans l'Éleusinion, au pied de l'Acropole. Le *phaidyntès*, un des ministres inférieurs du temple d'Éleusis, annonçait solennellement la chose à la prêtresse de la déesse tutélaire d'Athènes. Une fois que Déméter avait ainsi notifié sa visite à Athéna, la grande fête pouvait commencer.

2

Le 15, l'Archonte-Roi, qui présidait aux cultes de la cité, convoquait le peuple au portique Poecile (de là le nom de la journée, ἀγυρμὸς = le *rassemblement*) ; là avait lieu la proclamation : « *Quiconque n'a pas les mains pures, quiconque n'a pas la voix intelligible ne doit point assister à l'initiation* » ; et on menaçait les impies, non seulement, s'ils étaient découverts, des peines édictées par la loi, mais surtout, et dans tous les cas, de l'implacable colère des dieux. C'est alors peut-être qu'on imposait aux mystes le silence absolu sur les choses qui allaient leur être révélées.

Le 16, les mystes se purifiaient sur les indications des mystagogues, en se baignant dans la mer, dont l'eau était regardée comme ayant à cette fin la meilleure vertu. De ce bain, la journée avait pris nom ἅλαδε μύσται, *à la mer les mystes*. Les mystes purifiaient aussi le petit porc qu'ils devaient sacrifier le jour suivant.

Le 17, l'archonte-roi, assisté des quatre *épimélètes des mystères*, élus pour une année par l'assemblée du peuple, deux pris parmi tous les Athéniens, deux parmi les Eumolpides et les Kéryces, célébrait dans l'Eleusinion au pied de l'Acropole, en présence des représentants des villes alliées, le grand sacrifice des *Sotèria*, pour le salut du sénat, des citoyens athéniens, de leurs femmes et de leurs enfants. Le sacrifice de l'archonte-roi terminé, les mystes sacrifiaient les porcs mystiques qu'ils avaient purifiés la veille dans la mer. Il ne semble pas que ces victimes particulières aient été forcément immolées dans l'Eleusinion, qui n'eût peut être pas suffi à tous ces sacrifices.

Le 18, sacrifice nommé *Épidauria*, qui se faisait en l'honneur d'Esculape, arrivé, racontait-on, en retard d'Épidaure à la fête.

Le 19 commençait par la préparation de la procession d'Iacchos. Cette journée et la suivante étaient les deux plus brillantes de la fête. L'archonte-roi annonçait aux cosmètes des éphèbes que ceux-ci devaient se tenir prêts à escorter en costume de guerre les objets sacrés. Les éphèbes se rassemblaient en bon ordre au lieu indiqué. On allait chercher à l'Eleusinion les objets sacrés — il était temps que Déméter rentrât chez elle — et l'on se dirigeait en grande pompe à travers l'Agora vers l'Iaccheion, près de la porte Dipyle. Après avoir pris dans ce sanctuaire la statue d'Iacchos et l'avoir installée sur un char, qu'accompagnaient l'iacchagogue et d'autres magistrats désignés à cet effet, on se rendait probablement au Pompéion, édifice situé non loin de là, et destiné à la préparation des processions sacrées. Après avoir réglé l'ordre de marche, on sortait de la ville par le Dipylon, et l'on se dirigeait vers Éleusis par la Voie Sacrée.* A ce moment, c'était le déclin du jour.

---

* Pausanias, qui vivait aux temps des Antonins, nous a laissé une courte description de la voie sacrée et des monuments qu'on voyait le long du chemin. Par malheur, il ne

La procession avançait lentement ; il y avait, le long du chemin, des autels et des sanctuaires devant lesquels les mystes s'arrêtaient sans doute pour sacrifier. Pendant la guerre du Péloponnèse, les Athéniens, ne pouvant obtenir de trêve des Lacédémoniens qui tenaient Décélie, furent obligés d'envoyer par mer les mystes à Éleusis ; « en cette circonstance, on dut forcément, » remarque Plutarque, « supprimer les sacrifices offerts tout le long de la route, pendant la procession d'Iacchos. »

La foule qui prenait part à cette procession était énorme. Il n'y avait pas seulement les prêtres, les éphèbes, les mystes ; les initiés des années précédentes la suivaient aussi, et surtout, une masse innombrable de curieux. Ceux qui ne voulaient pas faire à pied cette étape assez longue (22 kilomètres) suivaient en voiture, commodité que beaucoup préféraient, quoique l'orateur Lycurgue l'eût fait défendre par une loi : la femme de Lycurgue avait été la première à violer la loi,

---

subsiste plus de ces monuments que des vestiges insigni fiants. Cependant on fera toujours bien de prendre cette route pour aller visiter Éleusis. On voit au moins les traces de l'ancienne voie et au 11me kilomètre les débris de l'enceinte sacrée d'Aphrodite, mentionnée par Pausanias. On verra aussi au Monastère de Daphni de très belles mosaïques Byzantines du XIème siècle. D'ailleurs le spectacle du golfe Éleusinien à la sortie du défilé de Daphni est splendide, et, au retour, la vue d'Athènes est saisissante.

et il avait été obligé de payer une amende de 6,000 drachmès.

Voici la nuit tombée. La procession n'a encore fait qu'une petite partie du chemin. Elle achève le reste à la lueur des torches. Chacun des mystes en tient une. Les montagnes désertes du défilé de Daphni, et la mer, si calme pendant ces premières nuits d'automne, résonnent du chant mystique : *Iacché, ô Iacché !* Qu'on tâche de se re-présenter ce qu'a du être ce spectacle, immédia-tement après les guerres médiques, dans ces mo-ments d'exaltation patriotique et religieuse, après la victoire sur les Barbares, une fois le terrible danger écarté, grâce à l'aide des deux déesses et d'Iacchos.

Les habitants d'Éleusis venaient à la rencon-tre de la procession jusqu'aux Rheitoi, ancienne limite de leur territoire. Un peu plus loin, on s'arrêtait encore : les Croconides, descendants du héros Crocon, qui avait jadis régné sur la plaine Thriasienne, attachaient au bras droit et au pied gauche de chaque myste une bandelette teinte en safran. Chacun portait depuis Athènes une cou-ronne de myrte sur la tête. La procession parve-nait à Éleusis vers le milieu de la nuit. Cette marche nocturne est probablement la nuit des flambeaux dont parlent les auteus anciens. Il va sans dire qu'arrivés à Éleusis, ceux qui avaient pris part à la procession étaient assez fatigués et consacraient au repos le reste de la nuit. Les objets sacrés étaient sans doute immédiatement replacés par les prêtres dans l'Anactoron, et l'on déposait aussi quelque part la statue d'Iacchos, hôte venu chez les déesses pour leur rendre leur visite au nom d'Athènes.

Le lendemain, 20, était en partie un jour de repos, en partie une préparation à l'initiation. Celle-ci, se passant la nuit, ne devait pas être moins fatigante que la procession.

Le 21 et le 22, pendant la nuit, avaient lieu les veillées sacrées, pendant lesquelles se célébraient les mystères.

La première était probablement réservée aux *mystes* proprement dits, à ceux qui étaient admis à l'initiation au premier degré ; la seconde, aux *époptes*, ou mystes du second degré, qui recevaient l'*époptie* un an après la première initiation. La distinction entre mystes et époptes ne souffre plus de doute. Les adolescents pouvaient être mystes, tandis qu'il fallait l'âge d'homme pour être épopte. On a supposé récemment que la distinction entre les mystes et les époptes n'indique pas, comme nous venons de l'exposer, l'initiation à deux degrés donnée à Éleusis dans les deux veillées, mais qu'on appelait mystes les initiés aux petits mystères ou mystères d'Agra, époptes les initiés admis un an après aux grands mystères d'Éleusis. La question est pendante, et toute discussion à ce propos serait déplacée ici.

On comprendra aisément qu'il pût arriver d'y

avoir plus de deux veillées sacrées, quand le nombre des mystes était très grand. Le *Télestérion*, où étaient célébrés les mystères, ne pouvait contenir — les ruines en témoignent — plus de 4000 personnes. Quand il y avait deux veillées, la dernière formait le neuvième jour de la fête(14-22 Boédromion) : or, c'était pendant neuf jours que Déméter, sans manger, avait erré à la recherche de Coré.

Le lendemain de la dernière veillée, on célébrait, très probablement dans l'enceinte sacrée, une cérémonie qui du nom des vases qu'on y employait, s'appelait les *Plémochoés*. On remplissait deux plémochoés, sans doute d'eau ou de vin, et on les brisait l'une en se tournant vers l'orient, l'autre vers le couchant, en prononçant des formules mystiques. Le jour d'après, on revenait à Athènes, à moins que l'on ne restât à Éleusis pour célébrer, comme cela arrivait tous les trois et tous les cinq ans, des jeux gymnastiques et scéniques qui duraient deux ou trois jours.

Le retour à Athènes, avec la statue d'Iacchos, se faisait avec la même pompe processionnelle que l'aller. Il comportait en plus un incident comique : au pont du Céphise Athénien, on attendait la procession, et il s'échangeait là, entre ceux qui revenaient d'Éleusis et ceux qui étaient allés à leur rencontre, toutes sortes de lazzis et de quolibets : c'étaient ce qu'on appelait les *géphyrismes*, c'est à dire les plaisanteries du pont. Ils rappelaient, disait-on, les propos plaisants par lesquels la servante Iambé avait réussi à tirer Déméter de son long chagrin. Ceux qui arrivaient d'Éleusis étaient pleins de joie, la plupart venant d'être initiés ; ceux qui allaient à leur rencontre avaient aussi des raisons de se réjouir, beaucoup ayant été déjà admis aux mystères. Ja saison, qui était celle des vendanges, était d'ailleurs propre à ces manifestations joyeuses.

Telle était la fête. Mais ce que l'on faisait dans les veillées sacrées, ce qu'étaient au juste les mystères, d'où ils avaient pris origine, d'où leur venait leur importance et la haute signification qu'on leur attribuait, c'est ce qu'il nous faut maintenant examiner.

II. L'INITIATION

Le culte secret et les mystères ont de tout temps existé en Grèce. Chaque *génos*, qui n'était que la famille primitive agrandie par le temps, avait son lieu saint et son culte d'où celui qui était étranger au *génos* était sévèrement exclus. Chaque cité, qui n'était en quelque sorte qu'un plus grand *génos*, qu'une plus grande famille, avait ses sanctuaires propres, ses cultes secrets auxquels ne participaient que les citoyens, et encore pas toujours tous les citoyens. Ce culte secret, surtout celui du *génos*, avait probablement son origine dans le culte des ancêtres, uni de très bonne heure au culte des divinités infernales.

Il est impossible de ne pas penser que l'humanité primitive, et en particulier les anciens Hellènes, n'aient pas été préoccupés du problème de la mort. Que devenait le mort ? C'était la question que devait se poser le survivant et qui ne cessait jour et nuit de le tourmenter. Souvent, l'image de son père, de sa mère, de tous les proches qu'il avait perdus venait hanter ses rêves. Il se demandait ce que c'étaient que ces images, d'où elles venaient. Tout n'avait donc pas péri avec le corps, il y avait l'*âme*. De là à adorer les âmes des morts, les âmes des ancêtres, il n'y avait qu'un pas : la peur qu'on avait de ces âmes le fit immédiatement franchir.

Il paraît bien que le culte des ancêtres a existé en Grèce de toute antiquité. C'est du moins ce dont témoignent les tombeaux très anciens découverts récemment en plusieurs parties de la Grèce, notamment à Mycènes. On faisait aux morts de brillantes funérailles, on enterrait avec eux les objets précieux qu'ils avaient aimés durant la vie, on leur faisait des sacrifices. Le premier devoir des survivants était de se concilier l'âme du mort en lui rendant les honneurs consacrés. Le mort délaissé pouvait nuire aux vivants ; il servait au contraire ceux qui l'honoraient, augmentait par exemple leurs récoltes de fruits.

Je ne me propose pas, ce qui serait inutile ici, d'exposer les phases successives de la croyance des Grecs à l'immortalité de l'âme pendant la longue évolution de leur histoire. De ces phases multiples, nous n'envisagerons que celle où se forma l'idée qu'il y avait sous la terre un lieu réservé aux mânes, qui était placé sous la protection des divinités infernales. Cette idée devait nécessairement conduire au culte de ces divinités des enfers, qui par la position même des lieux où elles régnaient, non seulement avaient sur les mânes un empire absolu, mais étaient aussi, comme primitivement ces mânes, les dispensatrices des fruits de la terre. Mais si la piété envers les dieux, tels que les avait créés l'imagination des Hellènes, tendait surtout à les rendre en tous temps et en tous lieux favorables aux humains, qu'y a-t-il de surprenant si au culte de divinités à la fois infernales et agricoles, Déméter, Coré et l'époux de Coré, Pluton, est venu se mêler l'espérance d'un meilleur sort après la mort ? Si à Éleusis, plus propre que les autres parties de l'Attique à occuper une grande population de laboureurs, il s'est formé une religion des divinités de l'agriculture qui faisait attendre à ses fidèles une heureuse vie future ? Ce qui est curieux ici, c'est que cette religion, qui était sans doute à l'origine le culte secret des Éleusiniens ou peut-être même de quelques familles notables d'Éleusis, soit devenu à la longue une institution panhellénique :

fait qui n'a pas son semblable dans l'histoire religieuse de l'antiquité.

Comment et à quelle époque ce fait s'est accompli, nous le dirons plus loin. Voyons d'abord la légende telle qu'elle nous est connue par le plus ancien témoignage écrit sur les mystères d'Éleusis, l'*Hymne homérique à Déméter*.

Coré (Proserpine), cueillant des fleurs, fut ravie par Pluton, roi des Enfers, et emportée par lui dans son ténébreux empire, avec le consentement de Zeus, frère de Pluton et père de Coré. Accourue aux cris de sa fille, mais trop tard, Déméter ne put même pas apercevoir le ravisseur, et personne, parmi les dieux ni les hommes, ne sut lui dire la vérité. Elle erra donc à la recherche de Coré, une torche à la main, durant neuf jours et neuf nuits : enfin elle apprit d'Hélios le nom du ravisseur et celui de son complice. Courroucée contre Zeus, elle quitta l'Olympe et les Dieux, et se mit à parcourir la terre sous les traits d'une vieille femme. Arrivée un jour à Éleusis, elle y reçut un accueil honnête chez le roi du pays, Kéléos. Ce fut chez Kéléos que les bouffonneries de Iambé réussirent à la faire rire, elle qui n'avait plus ri depuis le rapt de sa fille, et qu'elle consentit à boire le *cycéon* que Métanire, femme de Kéléos, avait préparé sur ses indications. Elle consentit de plus à rester chez Kéléos, pour élever Démophon, le fils qui venait de naître au vieux roi. L'enfant croissait donc en force et en vigueur ; la déesse avait entrepris de le faire immortel ; à l'insu des parents, elle l'oignait d'ambroisie le jour, et la nuit le cachait comme un tison dans le feu. Mais le peu de foi de Métanire détruisit l'oeuvre de la déesse. L'ayant épiée une nuit, elle se mit à pousser des cris épouvantés quand elle vit la flamme envelopper son fils. Déméter, irritée, laissa choir l'enfant, que ses soeurs se hâtèrent de relever. Elle se fit alors connaître, et ordonna aux Éleusiniens de lui bâtir un temple pour l'apaiser ; elle leur promettait de leur révéler la forme du culte qui leur concilierait sa bienveillance et ses grâces: « C'est moi Déméter, pleine de gloire, qui aide et réjouis les Dieux et les hommes. Hâtez vous donc : que tout le peuple, non loin de la citadelle au dessous des murailles élevées, m'élève un grand temple et un autel sur l'avancée de la colline, au dessus du puits Callichore. Je vous apprendrai des rites que vous suivrez et qui me seront agréables. » Voilà les paroles que l'hymnographe met dans la bouche de la déesse.

Les habitants d'Éleusis, obéissants, élevèrent le temple, et Déméter s'y retira. Mais, courroucée contre les dieux et les hommes à cause du rapt de sa fille, elle empêcha un an la terre de produire. En vain, dit l'hymne, les boeufs trainaient la charrue recourbée, en vain la semence du blé tombait dans le sillon. Voyant la race des hommes menacée d'une destruction complète, et les dieux d'une privation éternelle de victimes et d'offrandes. Zeus essaya d'apaiser la déesse, mais en vain. Il manda alors Hermès chez Pluton pour lui ordonner de rendre Coré à sa mère. Pluton obéit, mais pour forcer Coré à rester avec lui quatre mois de l'année, « il lui donna à manger en secret un doux pépin de grenade ». Coré, revenue du monde sombre, retrouva sa mère dans le temple qu'on venait d'élever, et Déméter accepta l'arangement machiné par Pluton. Avant de rentrer dans l'Olympe, où Zeus l'appelait avec sa fille, elle fit renaître, apaisée, « les fruits des campagnes fécondes ; toute la terre se couvrit de feuillages et de fleurs. » Puis ayant convoqué les princes d'Éleusis, Triptolème, Dioclès, Eumolpe, Polyxène, Kéléos, « elle leur enseigne à tous, dit l'hymne, les rites sacrés, rites vénérables, qu'il n'est permis ni de pénétrer, ni de divulguer : une grande crainte des dieux arrête notre voix. »

On le voit, l'hymnographe qui paraît être d'Éleusis, n'ose pas nous dire la nature de ces cérémonies augustes. Mais il est une chose dont il ne craint pas de parler : c'est le bonheur promis à ceux qui sont instruits des mystères : « Heureux, s'écrie t-il, l'homme qui en fut témoin ; mais celui qui n'est pas initié, qui n'a point participé aux rites sacrés, celui là ne jouira pas du même destin, après sa mort, dans le séjour ténébreux. »

La chose est claire : seuls, ceux qui ont reçu l'initiation, peuvent prétendre à être heureux dans l'autre vie. Mais nous ne devons pas dissimuler qu'on discute la question de savoir si ce passage si explicite sur le sort privilégié des initiés a toujours existé dans l'hymne homérique (lequel paraît avoir été composé au VIIᵉ siècle, antérieurement à la soumission d'Éleusis), ou s'il y a été intercalé à une époque postérieure.

Il est insoutenable que les mystères n'aient pas subi de modifications par suite de la soumission d'Éleusis à Athènes, lorqu'ils devinrent partie intégrante de la religion athénienne et par suite une institution panhellénique. Remarquez que le vieil hymne ignore encore la légende si chère à la poésie et à l'art attiques, suivant laquelle Triptolème instruit par Déméter, aurait répandu par toute la terre la connaissance et la culture du blé : d'après l'hymne, les hommes cultivaient le blé quand Déméter arriva chez Kéléos. L'hymne ne sait rien non plus d'Iacchos qui plus tard jouera, comme nous l'avons déjà vu, un si grand rôle dans les mystères. On doit enfin noter avec soin que les mystères d'Éleusis se sont comme greffés sur d'autres mystères très anciens, ceux d'Agra, qu'ils n'ont pu abolir, et qui étaient probablement de même nature, se rapportaient aux mêmes divinités.

Un grand mouvement se produisit dans les es-prits au septième et au sixième siècles avant notre ère. C'est à cette époque que s'introduit en Grèce le culte orgiastique de Bacchus, ou du moins qu'il y prend une extension considérable, extension étroitement unie à la naissance de l'hérésie Orphique, dont nous parlerons plus loin. Quoiqu'il en soit de ces faits, la doctrine de la grâce, qui avait pris de bonne heure à Éleusis un grand développement, si même elle n'y avait pas toujours existé, s'y maintint inaltérable. Nous ne croyons donc pas que les vers de l'hymne homérique où cette doctrine est exprimée soient une interpolation.

Mais cette doctrine de la grâce, le secret imposé aux initiés suffisaient-ils à attirer à Éleusis la foule innombrable des pélerins ? Le spectacle auquel ils assistaient était-il de nature à leur faire emporter de douces espérances sur la vie future ?

Ni au siècle dernier, ni dans celui où nous sommes, aucune question de ce genre n'a été plus discutée. On peut dire qu'aujourd'hui encore parmi tous les problèmes du paganisme hellénique, celui-ci est le plus difficile à résoudre, les renseignements que nous ont laissés les anciens étant insuffisants ou, ce qui pis est, souvent contradictoires. Il n'a été vraiment que trop bien gardé, ce secret imposé aux initiés, même lorsque les mystères d'Éleusis furent devenus une institution panhellénique et plus tard, sous les Romains, une institution pour ainsi dire universelle. Et cela en partie parcequ'une simple description était

insuffisante à dépeindre les cérémonies ($\delta\rho\omega\mu\epsilon\nu\alpha$)
des veillées sacrées. Je dis en partie, car nous
aurions peut-être plus d'éléments d'appréciation
si quelque indiscret, comme Lucien par exemple,
nous en avait laissé une description détaillée. Il
est possible que cet indiscret ait existé, mais son
œuvre est perdue, à moins qu'elle n'ait été détruite
à dessein. En tout cas, nous pouvons affirmer
aujourd'hui avec plus de certitude que ne le pouvait Lobeck il y a cinquante ans que l'enseignement dogmatique était exclu des mystères.

Il ne pouvait être question de l'immortalité
de l'âme, quelle que soit la signification que nous
donnons à ce terme. Cette doctrine, nous l'avons
déjà vu, avait ailleurs son origine. Elle n'était
pas nouvelle ayant précédé les mystères à la gé-
nèse desquels elle avait contribué plus que toute
autre chose. On n'enseignait pas à Éleusis que
l'âme survivait au corps, mais le moyen d'assurer
à l'âme après sa séparation d'avec le corps la
meilleure vie possible. Le sort de l'âme des initiés
était tout autre que celui des âmes des non-ini-
tiés. Un lieu de repos, loin des chagrins et des
douleurs, était réservé aux premières. Celles des
seconds devaient souffrir après leur mort et cela
parcequ'ils n'étaient pas initiés, parcequ'ils n'a-
vaient pas su obtenir la grâce hors de laquelle
n'était point de salut.

Mais si la question de l'immortalité de l'âme était
exclue des mystères, il en devait être de même,

à plus forte raison, des doctrines sur Dieu et sur la création malgré les hypothèses accumulées par les savants du siècle dernier. Les Grecs, en général, (car à l'exception des meurtriers exclus de toute cérémonie religieuse tous étaient admis à l'initiation), les Athéniens en particulier, qui s'étant approprié les mystères d'Éleusis, en avaient fait la religion officielle de l'État, les Athéniens, qui avaient mis à mort Socrate pour avoir introduit de nouveaux dieux dans le pays, n'auraient jamais permis aux prêtres d'Éleusis d'enseigner, que les divinités, si longtemps adorées, formées par une longue évolution mythologique, n'étaient que des produits de leur imagination, indignes de tout culte. Il n'y avait pas, il ne pouvait donc y avoir à Éleusis un enseignement dogmatique qui aurait été opposé aux croyances communes. Nous avons d'ailleurs le témoignage d'un témoin digne de foi, celui d'Aristote qui croyait, d'après Synésios, que les mystères ne comportaient aucun enseignement et se bornaient à produire des *impressions*.

Mais l'allégorie ne pourrait-elle pas expliquer certains actes, certaines paroles des mystères ? La descente, par exemple, de Coré aux enfers, son séjour chez Pluton pendant les quatre mois de l'hiver, son retour chez sa mère pendant le reste de l'année ne serait-ce point le grand drame de la nature, le grain enfoui quatre mois sous la terre et sa germination au printemps ? Ne pouvait-il pas venir à l'esprit des spectateurs que le phénomène de la germination personnifié par Coré était l'image de la destinée de l'âme ?

L'explication par l'allégorie des fables de la mythologie hellénique n'est certainement pas une invention des temps modernes. Déjà chez les anciens on avait cherché l'explication des divinités et de leurs légendes dans les *vents, les courants, les graines, le labour, les travaux de la terre, les changements de saison*. Mais cette exégèse c'est de la philosophie, non de la religion, de la foi. Au temps où celle ci était encore vivace, les croyants, c'est-à-dire la masse de la nation hellène, n'auraient pas reconnu leur religion dans ces explications allégoriques. D'ailleurs une apparence d'analogie entre un fait connu et tengible, tel que le phénomène de la germination, et la destinée inconnue et invisible de l'âme après la mort. comment pouvait-elle mener les initiés, comme l'ont prétendu plusieurs auteurs, à des notions sur l'immortalité de l'âme ? Mais en admettant même qu'une pareille explication de la légende, telle qu'elle se déroulait sous les yeux des initiés pendant la célébration des mystères eût inspiré des réflexions et des comparaisons sur la destinée future, ces réflexions ne pouvaient point mener à l'idée de l'*immortalite* mais à celle de la palingénésie (*régénération*) de l'âme. Or ce n'était pas là, l'hymne homérique est très précis à ce sujet, une croyance imposée aux initiés. On n'y parle que d'un sort plus doux réservé aux initiés dans le monde d'en bas, et cette doctrine a prévalu pendant toute la durée des Mystères. D'ailleurs les *symboles* mêmes n'enseignaient rien de nouveau ou de contraire aux croyances communes des Grecs. Pas plus que les autres cultes helléniques, les mystères d'Éleusis n'excluaient pas les *symboles*, qui, dans l'acception la plus large du mot, étaient des objets figurant en abrégé les faits qui ne pouvaient être développés dans tous leurs détails et dans leur essence pendant la représentation de la légende (telles seraient par exemple différents ustensiles, la ciste mystique, la corbeille et même les images des dieux). Mais si les symboles sont plus nombreux à Éleusis, si, faute d'un *rituel*, plusieurs d'entre eux, sont devenues incompréhensibles avec le temps, il ne faudrait pas en conclure que les mystères eussent plus que les autres cultes de la Grèce un caractère symbolique. Il est fort probable cependant que les symboles ont contribué à ce que les philosophes et les théologiens des temps posterieurs attribuassent aux mystères d'Éleusis un caractère symbolique.

On peut dire, d'une manière générale que la religion grecque n'avait ni *allégories*. ni *symboles* Ceux-ci sont une invention des philosophes et des théologiens ; c'est un effort pour donner une explication rationnelle de l'histoire et de la nature des dieux qu'adorait la masse de la nation.

Mais les dieux étaient antérieurs aux symboles, et dans la religion, ils ont continués à vivre tel qu'à l'origine les avait créés l'imagination populaire.

Pour les anciens Grecs, comme pour tous les peuples primitifs les phénomènes n'étaient pas le produit des forces de la nature, mais les actes d'êtres invisibles qui manifestaient ainsi leur puissance et leur volonté. Ces êtres étaient conçus à l'image de l'homme ; antérieurs à lui, ils étaient nés toutefois, comme lui, d'un père et d'une mère ; ils agissaient poussés par les mêmes motifs et les mêmes passions. Chacun d'eux avait son histoire et son caractère. Sans cesse exposé à se heurter à ces puissances supérieures, le Grec avait grand intérêt à les bien connaître, à découvrir les moyens de se concilier leur faveur et d'apaiser leur colère. L'expérience apprit par quels sacrifices, par quelles cérémonies on y pouvait réussir. Souvent les dieux eux-mêmes, qui de leur côté, avaient aussi besoin de l'homme pour en recevoir des offrandes et des victimes, lui révelaient les rites qui leur étaient agréables.

C'était la fidèle observation de ces rites qui constituait toute la religion ; la piété consistait à célébrer exactement les cérémonies telles que les avaient transmises les ancêtres κατὰ τὰ πάτρια et à n'adopter les nouvautés qu'au cas où les dieux eux-mêmes en avaient exprimé le désir par des prodiges ou par les oracles. Les Grecs n'ont pas

eu, comme les Egyptiens, des écoles de théologiens spéculant et subtilisant sur la religion
existante, travaillant à encadrer dans un système
bien ordonné les dieux primitifs. En Grèce, la
science des choses divines se bornait à la connaissance del'histoire des dieux, de leur naissance de leurs mariages, de leurs aventures, comme
la religon se restreignait à la pratique des rites
exterieurs exigès ou enseignès par les dieux eux-
mêmes A Éleusis, deux familles, celle des Eumolpides et celle des Kéryces, possédaient, par
héritage, les secrets religieux. De là leur droit
exclusif, reconnu par l'Etat, de procéder aux ini-
tiations et de fournir, par moitié, le personnel
religieux du temple : les Eumolpides, le hiérophante, les deux hiérophantides, et la prêtresse, les
Kéryces, le dadouque, la dadouquesse, le héraut
et le prêtre de l'autel. *

En résumé, nous ne pensons pas que les initiés reçussent un enseignement religieux et des
explications symboliques touchant la vie future.
Cependant, il est certain qu'ils emportaient de
l'initiation des espérances consolantes sur l'autre
vie. Qu'est-ce qui, dans les Mystères, pouvait leur
inspirer ces pensées ?

Les témoignages des anciens, sur les mystères
d'Éleusis, nous l'avons déjà dit, sont malheureu-

---

* Il paraît que même les ministres inférieurs du culte,

sement trop rares et non seulement contradictoires, mais souvent suspects. Un fait du moins en ressort avec certitude, c'est que les mystères d'Éleusis étaient la représentation dramatique de la légende de Déméter et de Coré. Cette forme de culte n'est point, du reste, particulière à Éleusis. D'autres divinités avaient leurs mystères, qui étaient également une représentation dramatique de leurs légendes. La chose est si naturelle qu'elle se retrouve en d'autres cultes que ceux de la Grèce antique. N'est-ce point un drame mystique que notre manière de célébrer la Passion pendant la Semaine Sainte ?

Le drame mystique d'Éleusis comprenait des actions, des spectacles, des paroles, τὰ δρώμενα, τὰ δεικνύμενα, τὰ λεγόμενα. *

Qu'étaient d'abord les actions, τὰ δρώμενα ?

Selon Clément d'Alexandrie, on voyait dans les mystères d'Éleusis le rapt de Coré, la dou-

---

tel que le Phaidyntes, par exemple, qui était chargé de tenir en bon état les statues et les objets sacrés des deux déesses, étaient aussi choisis parmi les deux familles sacerdotales des Eumolpides et des Keryces.

* J'ai emprunté cette distinction, ainsi que beaucoup d'autres choses, au remarquable mémoire de M. Foucart sur l'origine et la nature des mystères d'Éleusis. Parfois je ne fait que répéter les paroles du savant épigraphiste. Mais il va sans dire que j'avais sous les yeux d'autres ouvrages, relatifs au même sujet (Rohde, «Psyche» par exemple) dont j'ai aussi profité.

leur de Déméter et ses courses errantes. Apollodore nous a conservé un détail de ce drame : « Au moment où Coré appelle au secours, le hiérophante frappe sur le bassin de cuivre qu'il fait retentir. » Ce témoignage d'un païen ne peut être suspect. Grégoire de Naziance est plus explicite :

« Ce n'est pas dans notre religion qu'une Coré est enlevée, qu'une Déméter est errante et met en scène des Kéléos et des Triptolème avec des serpents : qu'elle fait certaines choses et qu'elle en souffre d'autres : j'ai honte en effet de livrer à la lumière du jour les cérémonies nocturnes de l'initiation. Éleusis le sait, ainsi que les témoins de ce spectacle sur lequel on garde et on a raison de garder le silence. »

On voit que Grégoire parle de deux choses sur lesquelles Clément, et avant Clément, l'hymne homérique, sont muets : à savoir, des rapports de Déméter avec Kéleos et de ses rapports avec Triptolème. Nous avons dit que la légende de Triptolème chargé d'enseigner la culture des céréales avait été, de bonne heure, ajoutée à la version primitive. Il n'est pas improbable qu'elle formât un épisode du drame, la scène finale, s'il faut en croire Claudien ; à cet épisode se rattacherait cet autre témoignage : Les Athèniens, pendant l'initiation, montraient aux spectateurs, le grand, le merveilleux spectacle de l'époptie, l'épi de blé moissonné, en silence. »

Il est probable que dans le drame mystique Déméter avait des rapports non seulement avec Triptolème, mais aussi avec Céléos Je dis probable. les Pères de l'Église confondant très souvent les mystères d'Éleusis avec d'autres cérémonies du même genre. Il est dit, en effet dans un hymne orphique que Déméter eut des relations intimes non avec Kéléos mais avec Dysaulés son hôte. Il est donc probable que Grégoire ayant emprunté le fait à cet hymne l'ait rattaché plus tard au culte d'Éleusis. Naturellement, tout ce qui semble indécent au père de l'Église ne faisait pas mauvaise impression sur l'esprit des Grecs accoutumés aux récits des amours des dieux avec des mortelles et des mortelles avec des dieux.

D'autres témoignages se rapportent à un fait qui, de prime a bord, semble n'avoir aucun rapport avec la légende principale ; mais, à mon opinion, le rapport n'en existe pas moins, c'est le témoignage concernant la descente de l'hiérophante et de la prêtresse, dans une retraite obscure. Il s'agit a mon opinion de l'hiérogamie de Coré et de Pluton et, c'est à cette scène du drame mystique que paraissent se rapporter aussi les célèbres et inexpliquables paroles qui nous ont été également conservées par un auteur chrétien : «Le hiérophante à Éleusis, accomplissant au milieu des feux les grands et ineffables mystères s'écrie d'une voix forte : La divine Brimo a enfanté Brimos, l'enfant sacré, c'est-à-dire la

Forte a enfauté le Fort » Mais ces paroles étaient-
elles rééllement prononcées dans la célébration
des mystères ?

Passons aux δεικνύμενα, qui étaient, comme la
chose se conçoit. aussi essentiels au drame mystique que les ὁρώμενα. Sur les δεικνύμενα, nous
avons par malheur encore moins de renseignements que sur les ὁρώμενα. D'après quelques rares
indices, nous pouvons conclure que c'étaient
des objets sacrés touchant de très près aux divinités des mystères, probablement même leurs
effigies. (*) Ces objets étaient enfermés, paraît-il,
dans un endroit particulier du Télestèrion, l'A-
nactoron (Mégaron,) où le hiérophante seul avait
le droit de pénétrer. Ils étaient, nous l'avons vu,
portés pendant la fête des mystères à Athènes
d'où ils étaient rapportés à Éleusis, mais voilés
et cachés aux regards des profanes. Pendant
l'une des nuits de l'initiation. les portes de l'A-
nactoron s'ouvraient et le hiérophante en grand
costume montrait aux mystes assemblés dans le
Télestèrion les objets sacrés éclairés par une lumière éclatante. C'était là, à coup sûr. une de plus
grandes révélations du drame. puisque le titre de
hiérophante, principal personnage de la cérémonie religieuse, en était venu. La vue de ces *hiéra*.
quelle que fût leur nature, n'était permise qu'aux
seuls initiés. Ils contemplaient sous leur vérita-

____

(*) Voir p. 35 ce que j'ai dit sur les «symboles».

ble aspect les divinités dont les profanes igno-
raient la nature mystérieuse. C'est le souvenir
de cette révélation qu'Andocide rappelle au tri-
bunal qui le jugeait : « Vous avez été initiés et
vous avez vu les objets sacrés des deux déesses
pour châtier les impies et sauver les justes. »

Sont ce-là tous les renseignements que nous
pessédons sur les ὁρώμενα et les δεικνύμενα d'É-
leusis ? S'il faut en croire Lucien et Plutarque
(si vraiment le passage de ce dernier fait allusion
aux mystères d'Éleusis) on mettait encore sous les
yeux des mystes un tableau desEnfers, du moins aux
temps Romains alors que ces temoins vivaient.
Dans un des *Dialogues des morts* de Lucien deux personnages descendus aux enfers se trouvent dans les
ténèbres : » Dis moi, Cyniscos, dit l'un d'eux, toi
qui as été initié aux mystères d'Éleusis, ne trou-
ves-tu pas que les choses d'ici ressemblent à celles
de là bas ? — Tout à fait, mais voici comme dadouque une femme avec des torches qui s'avance
d'un air farouche et menaçant. Ce doit être une
Furie. »

«L'âme,» dit Plutarque, (1) «au moment de la
mort, éprouve la même impression que ceux qui
sont initiés à des grands mystères. Le mot et la
chose se ressemblent, on dit τελευτᾶν et τελεῖσθαι.

---

(1) Inutile de noter qu'il ne faut pas prendre à la lettre
la description que Plutarque a faite des épreuves des initiés. Emporté par la comparaison il se sert d'expressions
exagérées.

Ce sont d'abord des courses au hasard, de péni-
bles détours, des marches inquiétantes et sans terme à travers les ténèbres. Puis, avant la fin, la
frayeur est au comble, le frisson, le tremblement,
la sueur froide, l'épouvante. Mais ensuite une lumière merveilleuse s'offre aux yeux, on passe
dans des lieux purs et des prairies où retentis-
sent les voix et les danses ; des paroles sacrées,
des apparitions divines inspirent un respect religieux. Alors l'homme, dès lors parfait et initié, dé-
venu libre et se promenant sans contrainte célèbre les mystères une couronne sur la tête ; il
vit avec les hommes purs et saints ; il voit sur
la terre la foule de ceux qui ne sont pas initiés
et purifiés s'enfoncer et s'écraser dans le bourbier
et les ténèbres et, par crainte de la mort, s'attar-
der dans les maux, par défiance du bonheur de
là bas. Tu peux voir par là que l'emprisonnement
de l'âme dans le corps, son union avec lui, sont
chose contre nature. »

Passons aux λεγόμενα Nous savons de manière
certaine que les (λεγόμενα) paroles étaient toujours
associés aux ὁρώμενα et aux δεικνύμενα. Le rhéteur
Aristide nous dit que ce qu'on voyait rivalisait
avec ce qu'on entendait. Ce témoignage doit
s'entendre probablement sur des hymnes que les
mystes, le hiérophante à leur tête, chantaient
pendant la procession d'abord, dans le Télestèrion
ensuite. Mais ce n'était pas tout. Il y avait aussi
des formules secrètes. Une de ces formules était

le ὕε κύε prononcée à certain moment par le hiérophante et repris probablement en chœur par les mystes. J'en ai déjà mentionné une autre, récitée également par le hiérophante, en sortant (du *catabasion*), de la retraite cachée. (1)

Mais les paroles, (λεγόμενα) associés toujours aux ὁρώμενα et aux δεικνύμενα, les formules mystérieuses surtout (τὰ ἀπόρρητα) constituaient aussi une partie essentielle, du drame mystique, de l'initiation. C'est pourquoi Foucart cherchant à en approfon dir le sens a supposé que les paroles du hiérophante se rapportaient aux courses des

______

(*)«J'ai jeuné, j'ai bu le cycéon, j'ai pris dans la ciste, et après avoir goûté j'ai déposé dans le calathos ; j'ai repris dans le calathos et j'ai remis dans le ciste,» c'était le symbole des mystes Clément d'Alexandrie, qui nous a conservé cette sorte de «symbole» ne nous dit quand et pourquoi il était prononcé. Il pouvait certainement servir de signe de recconnaissance aux mystes, mais il ne s'en suit pas de là que les initiés fussent soumis à un examen quelconque avant d'entrer dans le sanctuaire. Le récit de Tite-Live où il est parlé de deux Acarnaniens, mis à mort pour être entrés dans le sanctuaire, mêlés à la foule des mystes, sans y avoir été suffisamment préparés, prouve évidemment le contraire. Beaucoup de savants sont d'avis qu'en réalité se symbole n'aurait pas existé, que Clément d'Alexandrie, en ce point comme en d'autres aurait confondu les mystères d'Éleusis avec ceux de Cybéle. On peut croire cependant qu'il existait vraiment, et que le hiérophante et les mystes le chantaient à la fin des cérémonies, de même que, pendant le premier christianisme, les catéchumènes, lors du baptême, récitaient le c r e d o.

mystes a travers les régions des Enfers, à qui fait allusion le passage mentionné de Plutarque. Une série de tableaux mettait sous les yeux du myste l'enfer et ses habitants, une série parallèle de formules lui indiquait la bonne route et lui donnait les moyens d'arriver au but. Et l'idée maîtresse d'un pareil enseignement a été emprunté par les Grecs, selon l'éminent épigraphiste et mythologue, à l'Égypte vers le 7me siècle av. J.C. et rattaché au culte de Déméter d'Éleusis qui était aussi d'origine Égyptienne. Et c'était la, selon Foucart, la grande revelation des mystères et la partie essentielle. (1)

Voila ce que nous savons sur le drame mystique, d'Éleusis.

Mais cela suffisait-il à faire naître l'espérance, la foi même, sur un avenir meilleur réservé aux âmes dans le séjour des ténèbres que les initiés emportaient des Mystères, selon le témoignage presque unanime des anciens ?

» Heureux celui qui a vu ces choses avant de descendre sous la terre ; il connaît la fin de la vie, il connaît aussi le commencement donné par Jupiter, » s'écrie Pindare. Sophocle, dans une reproduction de l'hymne homérique, s'écrie :

» O trois fois heureux ceux des mortels, qui après avoir contemplé ces mystères iront dans la demeure d'Hadès ; car ceux-là seuls trouveront

---

(1) Pour plus de details, voir Foucart o. c. p. 61—74.

la vie là bas ; pour les autres, il n'y aura que souffrances. »

Isocrate s'exprime avec la même emphase dans son *Panégyrique* : « Déméter vennue dans notre pays nous a fait deux dons inappréciables, la culture des fruits de la terre, qui nons força à quitter la vie sauvage, et la *cérémonie* qui donne aux initiés les plus douces espérances sur la fin de la vie et sur l'éternité. » Cicéron se sert de termes à peu près identiques :

Je ne veux pas examiner jusqu'à quel point ce langage élogieux reflète la vérité et je suis loin de soutenir que tous ces témoins ne sont que de simples piétistes. Je ne veux pas non plus soutenir qu'appartenant à une élite qui pouvait spéculer même sur les légendes, ils entrevoyaient peut-être dans les mystères d'Éleusis ce que la foule des initiés n'aurait même pas pu soupçonner, Je ferai seulement remarquer qu'en aucune manière, pas même par l'enseignemeut dogmatique, la foi ne s'impose à ceux qui ne sont pas aptes à la recevoir. Les incrédules n'ont pas manqué donc même aux plus beaux temps des Mystères d'Éleusis. Tels Alcibiade et ses compagnons qui, au mépris des lois de l'État, n'avaient pas hésité à railler, à tourner en ridicule l'ensemble de la cérémonie. On sait qu'ils furent accusés d'impieté et condamnés à mort.

Il y avait donc alors, il y a eu depuis des incrédules. Mais pourquoi ceux qui croyaient à la souveraineté de Déméter et de Coré sur l'empire d'Hadès (et ils furent certes la majorité pendant de longs siècles) ne seraient-ils pas accourus avec empressement à Éleusis, le seul endroit où ils pouvaient, selon leurs croyances, jouir de la faveur des déesses ? C'est là, en effet, que Déméter elle-même avait appris aux hommes le culte que elle préférait qu'ils lui rendissent. Et puis si l'on songe à la foi qui animait le myste, aux longues épreuves qui précédaient l'initiation, au jeûne rappelant celui de Déméter après le rapt, de Coré, aux promesses et aux demirévélations du mystagogue, aux purifications et aux sacrifices, aux chants et aux danses de la procession d'A-thènes, aux cris répétés d'Iacchos, à l'arrivée dans la ville sainte pendant la nuit et à la lueur des flambeaux, la silencieuse entrée dans le Té-lestérion, plus encore le secret imposé sur tout ce que l'on allait voir et entendre et l'impatience de voir et d'entendre ces choses qui pouvaient l'a-mener dans le sejour des bienheureux ; si l'on son-ge à tout cela, comment s'étonner que le myste arrivât au Télestérion non pas froid et indiffé-rent, mais, selon l'expression d'Aristote, le cœur échauffé et ouvert à toutes les impressions? Et quand, au milieu de la nuit, à la lueur incer-taine des torches, le hiérophante et les autres ministres religieux revetus de leur costume im-posant commencaient, dans le Télestérion, dispo-sé, à cet effet, la représentation du drame mystique, quand le myste était initié pour la première fois à des détails inconnus, bien que nullement opposés aux croyances communes, quand il entendait la voix mélodieuse du hiérophante et de ses assistants, les chants tantôt plaintifs tantôt triomphants qu'il apprenait pour la première fois à chanter à la louange de ces déesses, dont la faveur était indispensable au bonheur de la vie future ; quand, enfin, l'Anactoron s'ouvrait pour laisser voir éclairées d'une lumière éblouissante l'éffigie des divinités sous une forme inconnue des profanes, l'initié ne sentait-il pas croître dans son cœur la foi, qu'il avait déjà en venant, qu'il était digne maintenant de la faveur des déesses, qu'il n'avait plus rien à craindre sur les destinées de son âme après la mort ?

Vivant aujourd'hui, avouons le, à une époque d'indifférence religieuse et de scepticisme, nous avons quelque peine à comprendre comment les initiés aux mystères d'Éleusis emportassent de cette cérémonie l'éspoir d'une vie heureuse à la demeure des ténébres. Le temps pourtant n'estpas loin où des milliers de pélerins étaient emportés vers la Terre Sainte, vers Jérusalem, par le même éspoir, celui d'un sort plus heureux dans la vie future. La *grace*, sans laquelle il n'y a point de salut, est la conséquence immédiate du baptême chrétien. Celui qui a reçu le baptême, en quelque partie du monde que ce soit, devient immédiatement chrétien ; il est délivré du péché originel et peut espérer, en gardant les préceptes de notre sainte religion, une vie heureuse dans l'autre monde. Et pourtant cette promesse ne suffisait pas jadis à ceux qui entreprenaient le pèlerinage de la Terre sainte. Ils croyaient que celui qui aurait jeûné là où le Sauveur avait jeûné, glorifié la Passion là où le Christ avait souffert, fêté la Résurrection sur les lieux mêmes où elle s'est produite, allumé ce jour-là son cierge à la lampe qui ne s'éteint jamais, ils croyaient, dis-je, que l'homme qui aurait rempli pieusement ces saintes pratiques aurait une destinée meilleure dans l'autre vie. Le même sentiment ne pousse-t-il pas encore aujourd'hui vers la Mecque la foule innombrable des Musulmans pour y adorer le tombeau du Prophète ?

Mais comment et à quelle époque les mystères d'Éleusis sont devenus la religion officielle de l'État et ont acquis l'importance qu'ils ont gardée après pendant de longs siècles ?

Le septième et le sixième siècles av. J.C. virent, on le sait, des événements d'une grande importance historique. Tandis qu'en Orient, sur les ruines des monarchies vieillies, qui s'écroulaient les unes après les autres, s'élevait l'empire des Perses soumettant sous sa domination, avec la Lydie, les colonies grecques jadis florissantes de l'Asie mineure, la Grèce sortait de l'état de choses créé par la conquête des Héraclides ou *invasion dorienne* et que les historiens modernes ont si justement dénommée le *moyen âge* de l'anti que Hellade. Athènes, la cité presque obscure des Cranaïdes, agrandie par l'adjonction de nouvelles tribus, devenait le centre et la capitale de l'Attique et jetait les fondements de sa puissance future. Mais la fermentation survenue à la suite des changements politiques, qui se produisirent en Grèce à cette époque, tira, pour ainsi dire, de leur inertie les foules qui commencèrent à prendre part au mouvement intellectuel de la nation. La poésie lyrique, qui prit alors naissance, est un exemple éclatant de cet individualisme. Tandis que le poète épique chante les dieux et leurs actes et célèbre les exploits des ancêtres en restant lui-même dans l'ombre, le poète lyrique fait de ses idées et de ses sentiments le sujet de ses vers.

La religion fut aussi le sujet de l'individualisme. Les dieux d'Homère et d'Hésiode, dieux qui vivaient sur l'Olympe, loin des hommes, et qui menaient une vie joyeuse et sans souci, semblable à la vie des Grecs de l'Asie mineure, alors que les chants homériques prirent naissance, ne pouvaient satisfaire le sentiment religieux des Grecs au 7me siècle. Ainsi Stésichore, admet la légende que Actaion fut mis en pièces par les chiens de Diane, mais cela est arrivé, dit-il, non parce que la déesse l'avait métamorphosé en cerf, mais parcequ'elle l'avait revêtu de peaux de cerfs de manière à donner le change aux chiens. Mais n'est-ce pas là l'explication rationnelle de la légende ?

C'est alors qu'apparut la secte des orphiques, sorte de prophètes venus non pour abolir la loi, mais pour l'accomplir. Ils ne repoussent pas ouvertement la tradition ; ils donnent les mêmes noms aux divinités, mais ils transforment les légendes de façon à en tirer les conclusions qu'il leur plaît. Ils invitent tout le monde à adhérer à leurs doctrines promettant le salut de leurs âmes après la mort. Les récits d'Homère sur les dieux, la théologie d'Hésiode ne sont, disent les orphiques, qu'un pâle reflet de la vérité. Orphée, plus ancien que ces deux poètes, partant plus rapproché de l'époque des dieux, qui a vu les Enfers, où, vivant, il descendit pour chercher Eurydice, voilà le vrai prophète, le vrai théologien.

Ce serait bien long et hors de mon but d'exposer ici les doctrines Orphiques. Il suffit de dire qu'ils enseignaient aussi que sans la *grâce*, sans être initié aux mystères de Bachus, l'homme ne pouvait pas espérer au salut. Mais après l'initiation il fallait aussi vivre selon les préceptes du maître (d'Orphée). C'est en quoi les mystères orphiques diffèrent essentiellement de ceux d'Éleusis, d'après lesquels la grâce seule suffisait au salut et n'exigeaient pas de l'initié un changement dans sa manière de vivre.

Mais les doctrines des orphiques, bien qu'elles eussent reçu avec le temps un étrange développement et fait un grand nombre de sectateurs, notamment dans la Grande Grèce, ne furent jamais autre chose que les doctrines et croyances de sectes particulières que l'État ignorait ou se bornait à en tolérer l'existence. Elle ne purent pénétrer dans la conscience populaire, car, sous le couvert de la théologie, elles tendaient toujours à la philosophie, au panthéisme. Si les Orphiques ne réussirent pas à apaiser les inquiétudes des foules, à plus forte raison en fut-il de même de la physiologie ionienne née vers la même époque, qui combattait également et les Orphiques et la tradition.

Cependant ni les temples magnifiques que l'on commençait alors à bâtir, ni les nouvelles divinités que l'on venait d'introduire en Grèce, Cybèle de Phrygie, Adrastia de Thrace et autres ne suffisaient pas, semble-t-il, à satisfaire le sentiment religieux des foules. Mais en cet état des choses, l'heure de la destruction n'ayant pas encore sonné pour le paganisme, il n'y avait d'autre issue que la *réaction* : une réaction sage et tempérée, dirigée pas l'Etat, une réaction qui empruntât même à ses ennemis ce qui lui était nécessaire pour amener le triomphe de l'*orthodoxie*. Ellle chercha autour une semence, qui cultivée dans ce sens, put ramener l'apaisement des esprits. Cette semence existait. Les cultes de certains *Génos* par des promesses secrètes qui leur étaient particulières, parvenaient à satisfaire pleinement les aspirations religieuses de leurs adhérents. Un de ces cultes était sans contredit celui de Déméter et de Coré (renforcé peut-être à cette même époque par l'adjonction d'éléments étrangers) ces divinités qui n'habitaient pas l'Olympe comme les dieux d'Homère, qui ne menaient pas toujours une vie exempte de soucis, mais qui avaient connu la douleur et la souffrance et avaient trouvé la consolation parmi les mortels. Cependant la foule était exclue de ce culte, qui devait devenir et il le devint le domaine de tous. Ce fut là certes une œuvre de prévoyance politique, mais la politique elle-même aurait été impuissante si elle n'avait trouvé les esprits bien disposés.

La reconnaissance des mystères d'Éleusis comme religion d'État fut donc, si je ne me trompe, un retour, pour ainsi dire, à *l'orthodoxie* de l'ancienne religion. Elle entraîna, forcément, une innovation très grande, l'assimilation du culte éleusinien à ces sectes particulières qui n'étaient que des réunions d'hommes groupés non par la communauté d'origine, ni par le culte de certaines divinités selon les traditions des ancêtres, mais par l'adoration d'un dieu à laquelle ils adhéraient volontairement. C'est là justement, comme Wilamowitz l'a déjà remarqué, ce qui faisait la supériorité des mystères d'Éleusis comme institution religieuse sur tous les autres cultes officiels ou privés et qui, en même temps, les rattachaient aux uns et aux autres.

Les brillantes victoires contre les Perses (victoires, que les Grecs ont remportées grâce au secours efficasse de deux déesses) et la haute situation de la Cité qui prit les mystères d'Éleusis sous sa protection n'a pas peu contribué certainement à l'extension qu'ils prirent dans la suite.D'autre part l influence des doctrines contre lesquelles les mystères d'Éleusis avaient été érigés en institution panhellénique, par conséquent celles des Orphiques mêmes, s'était faite également sentir bien que de manière indirecte. Je dis indirecte. car on conteste, non sans raison peut-être, l'influence immédiate des Orphiques sur les mystères d'Éleusis. Car l'introduction même dans la cérémonie de cet Iacchos (dont la nature et les rapports avec les deux déesses ne sont pas encore nettement établis)semble avoir un caractère extérieur et national plutôt que religieux. Elle n'a pas même amené de changements essentiels dans le culte de ces divinités de la terre adorées de toute antiquité à Éleusis dont les plus importantes, au temps où florissaient les mystères,étaient Déméter et Corè. C'est du moins ce qui apparait des fouilles d'Éleusis, qui n'ont mis à découvert aucun monument se rapportant à Iacchos seul ou à son culte commun avec les deux déesses. De fait, le grand bas-relief connu d'Éleusis, que l'on voit au musée d'Athènes, représente les déesses avec Triptolème.

Tels étaient les mystères d'Éleusis. Aux premiers temps de leur institution, ils attiraient en masse les fidèles. Au siècle de Diogène ils avaient déjà commencé a perdre leur caractère essentiellement religieux pour devenir dans la suite une simple cérémonie du culte dont la splendeur était le principal attrait. Sous les Romains, ils dégénérèrent en superstition. Quoi qu'il en soit, pendant neuf cents ans, du cinquième siècle avant Jésus-Christ au cinquième siècle de notre ère, ils furent, on peut dire, le palladium du paganisme grec. Mais les temps étaient accomplis ; le Galiléen avait, en effet, vaincu cet empereur rêveur, qui s'efforçait d'insuffler une vie nouvelle à la religion mourante et qui, aveuglé par son amour, ne voyait pas que sa maîtresse toujours belle, belle jusque dans la mort, n'était plus qu'un cadavre.

LES RUINES

Aucun auteur ancien ne nous a laissé de descriptions du sanctuaire d'Éleusis. Strabon mentionne le *Secos* mystique, mais il se borne à nous dire que c'était une salle très vaste capable de contenir autant de monde qu'un théâtre et que le plan en avait été dessiné par l'architecte du

Parthénon Ictinos. Plutarque dit que le *Télesté-rion* d'Éleusis avait une double rangée de colonnes l'une sur l'autre d'ou l'on peut conclure que le Télestérion avait un étage. Vitruve enfin parle en deux mots du portique de Philon. Pausanias eut bien voulu faire entrer dans sa *description de la Grèce* une notice détaillé sur les édifices du sanctuaire d'Éleusis. Comme il était initié, il les connaissait parfaitement : mais un songe, nous dit-il, l'en détourna.

Avec des textes litteraires tellement insuffisants tout ce que nous savons des édifices d'É-leusis devait venir des fouilles. Celles-ci ont rendu à la lumière non seulement les ruines des monuments, mais d'abondantes inscriptions dont beaucoup concernent les monuments mêmes et nous éclairent sur leur histoire.

Hors de l'enceinte sacrée se trouvait d'après Pausanias le temple de Triptolème et un autre temple dédié a Artemis (Diane) Propylée et à Poseidon (Neptune) son père. (1)

La situation du temple de Triptolème nous est inconnue et nous ignorons s'il en reste quelque chose. On croyait généralement que le temple du Héros était situé sur l'emplacement actuel de la chapelle de St Zacharie, parce que c'était près de cette chapelle qu'avait été trouvé en

(1). L'expression de Pausanias n'est pas bien claire ; néanmoins je crois aussi que le temple était dédié aux deux divinités, à Artémis et â son père Poseidon.

1859 le grand relief, que j'ai déjà mentionné.
C'était une opinion mal fondée. Les fouilles que
j'y ai pratiquées ont demontré jusqu'à l'éviden-
ce qu'il n'y a jamais eu là qu'une grande Église
Byzantine (p. 11) bâtie sur les ruines d'une maison Romaine.C'était pour la construction de l'É-
glise qu'on avait reunis là les morceaux antiques,
qu'on y voit encore et aussi le grand relief du
Musée d'Athènes (p.54)..

Les ruines du temple d'Artémis et de Poseidon
sont les premiers que l'on voit en arrivant sur le
terrain des fouilles. Elles sont d'ailleurs dans un
état tel que tout ce qu'on peut dire de ce temple
c'est qu'il date de l'époque romaine. Nous ignorons s'il avait remplacé un temple antérieur.
Pourtant, on peut croire qu'Artemis, fille, pour
la légende Eleusinienne, de Déméter et de Poseidon était à Éleusis, ainsi que Poseidon même,
l'objet d'un culte depuis les temps les plus reculés.

Pausanias fait mention en ces termes du puits
Callichore. «On voit aussi chez eux un puits qu'ils
nomment le *Callichore*, autour duquel les femmes
d'Éleusis ont constitué des danses et des chœurs
de musique en l'honneur de la déesse.» Nous
avons vu (p. 28) que le même puits était deja
cèlèbre bien avant Pausanias, à l'époque où fut
composé l'hymne homérique. Il est hors de de
doute, a mon avis, que ce puits fameux est celui
qu'on voit encore à gauche des grands Propylées (A
du plan). Ce puits était sacré même à l'époque ro-

maine. Nous en avons la preuve dans le fait que
ceux qui ont fait bâtir les grands Propylées et le
dallage qui les précédaient l'ont entièrement res-
pecté. Non seulement ils ne l'ont pas remblayé,
mais (cela montre encore plus le respect dont il
était entouré) on a coupé au milieu la marche inférieure des Propylées mêmes. Puis la construction
du puits est bien ancienne et les cercles tout autour
de la margelle prouvent d'une manière évidente
qu'il s'agit d'un puits autour duquel ou dansait
jadis. D'ailleurs la situation du puits *Callichore* en
cet endroit est en plein accord avec les témoignages mentionnés, même avec celui d'Euripide.

A gauche et à droite de grands Propylées on
voit les débris de deux arcs de triomphe de
style corinthien. Tous les deux étaient de-
diés aux déesses et à l'empereur (Hadrien)
pas les Panhellènes, comme le prouve la dédicace
qui était gravée sur leur architrave, aussi bien
sur la façade intérieure que sur la façade extérieure. De l'arc à gauche se sont conservés des
exemplaires de presque tous les membres d'architecture de manière qu'une restauration gra-
phique en est très facile. A côtè de cet arc il y
avait un grand édifice (d'époque romaine sans
doute), peut-être un bain à qui appartenait aussi
le bassin (D). Les petits trous concaves qu'on y
voit servaient problablement aux animaux pour
boire et aux hommes pour se laver les mains.

Les grands Propylées sont aussi un édifice de

l'époque romaine bâti en marbre pentélique à l'imitation des Propylées de l'Acropole d'Athènes. Chacune de ses façades avait une rangée de six colonnes doriques, dont par malheur ne se sont conservés en place que de faibles vestiges. Au milieu il y avait deux rangées de trois colonnes ioniques, dont on voit les traces. On voit aussi le socle du mur intérieur et les baies des cinq portes.

Les frontons n'avaient d'autre ornement qu'un médaillon colossal au milieu du tympan. Celui de de la façade interieure a disparu presque tout antier : il n'en reste qu'un petit morceau. L'autre subsistant aujourd'hui (près du temple d'Artémis) porte un buste d'empereur tres mutilé, peut-être d'Antonin le Pieux. Faut-il conclure que c'est Antonin le Pieux qui a fait batir les grands Propylées ? Il se peut aussi qu'ils eussent été commencés par Hadrien et qu'Antonin n'ait fait que les terminer. La question serait peut-être tranchée si l'inscription de l'architrave (1) eût été conservée. Par malheur il n'en reste que des vestiges, dont on peut seulement conclure que l'inscription n'était pas anterieure à l'empereur Hadrien. (2)

---

(1) On voit les blocs de l'architrave qui portent les vestiges de lettres en avant de la citerne marquée sur le Plan par la lettre D¹.

(2) On fera bien d'examiner a gauche des grands Propylées (A¹) l'aqueduc qui passe sous leur emmarchement

L'existence d'une balustrade ou d'une grille appuyée sur un socle de marbre reposant sur l'avant-dernière marche avant les colonnes extérieures des grands propylées n'est pas douteuse : mais il est certain que cette addition, motivée par un besoin de surveillance ou de propreté a été faite longtemps après que les pieds de ceux qui gravissaient les gradins en avaient usé les arêtes. On a laissé sans doute une ouverture sur cette balustrade qu'on fermait par une porte, et ce sont les vestiges de cette porte qu'on y voit encore.

Les petits Propylées sont également de l'époque romaine. Ils ont été bâtis par le proconsul Claudius Appius Pulcher (44 avant J. C), ainsi que le témoigne l'inscription latine gravée sur l'architrave dont une partie se voit encore à droite en entrant.

Dans le plan primitif ils n'avaient qu'une seule porte, celle du milieu ; cela se voit clairement aux traces laissées sur le sol par les piédestaux qui se trouvaient devant les portes latérales ; celles-ci ont été percées sans doute à une époque postérieure et avec une réelle maladresse. La fa-

---

et que je n'ai pas marqué sur le plan pour ne pas trop le charger. Cet aqueduc est voûté et en briques. L'angle S. E. des Gr. Propylées repose sur une citerne qui date, comme cet aqueduc, de l'époque romaine. Ces sont des preuves qui ne peuvent laisser aucune doute sur l'époque de la construction des grands Propylées.

çade extérieure était ornée de deux colonnes portant le très-curieux chapiteau qu'on voit maintenant sur la base de l'une d'elles. Ces deux colonnes étaient surmontées de l'architrave portant
en relief au lieu de triglyphes et de métopes des
épis, la ciste etc. c'est-a-dire des objets se rapportant au culte. On ignore la disposition de la
façade intérieure ; les deux grands piédestaux de
chaque côté de la porte du milieu sont aussi une
addition d'une époque postérieure.

Quant aux deux *rainures* qu'en voit dans la
porte du milieu on ne sait si elles servaient à l'é-
coulement des eaux ou à l'introduction de chars
dans le sanctuaire. Pour nos voitures modernes
l'écartement des deux rainures aurait été trop
grand, mais les chars des anciens étaient plus
larges. Quoiqu'il en soit, à l'époque où furent bâtis les grands Propylées, il ne pouvait être question de chars.

Malheureusement nous ne pouvons plus connaître la disposition de l'entrée, à l'époque la
plus ancienne, c'est-à-dire à l'époque hellénique. Ce qu'il y a de certain, c'est que, dès le
principe, on entrait par là dans l'enceinte sacrée
pendant la cérémonie : les petits Propylées même
ont été bâtis sur l'emplacement d'une ancienne
porte; c'est du moins ce que témoignent les vestiges d'une tour antique dans ce même endroit.
(T 8). A droite des petits Propylées on voit encore les débris d'une citerne, de l'époque ro-

maine également, bâtie peut-être sur les ruines dune construction plus ancienne.

Après avoir franchi les petits Propylées nous entrons dans *l'enceinte sacrée* des déesses. Mais avant de nous diriger vers le *Télestérion* par la voie des Processions jetons d'abord un coup d'œil au petit sanctuaire à droite, (E'—E) qui, à mon opinion, était consacré à Pluton. De la voie un petit escalier et la baie d'une porte nous en permettent l'accès. Outre la majestueuse grotte ouverte dans le rocher, on voit encore les fondations des deux murs qui formaient son enceinte et les vestiges, malheureusement trop rares, d'un petit temple *in antis*. Il paraît que ce temple était très-ancien ; ses fondations sont marquées sur le plan en bleu. Mais détruit à une époque inconnue, pendant l'invasion médique peut-être, il a été rebâti plus tard. Les murailles marquées en couleur orange sont les restes de ce temple plus récent.

Une inscription de l'année 329 avant J. C. fait mention du temple de Pluton. Le Dieu des Enfers partageait certainement à Eleusis le culte de Déméter et de Coré (p. 26), et il n'y avait pas dans toute l'enceinte sacrée de lieu plus convenable pour lui élever un sanctuaire que cette grotte naturelle dans laquelle l'imagination des croyants voyait les gouffres d'Hadès par où Coré, descendue aux Enfers après son enlèvement, était retournée chez sa mère.

En quittant ce sanctuaire pour nous diriger vers le *Télésterion* nous trouvons, toujours a droîte de la voie des Processions, les ruines de nouveaux édifices. On ne comprend pas trop le but des gradins creusées dans le rocher (G¹) et le plateau qui les domine. Le trou circulaire qu'on y voit n'est pas probablement d'époque ancienne. Mais le rocher semble taillé en plusieurs endroits pour recevoir des assises. Peut-être supportait-il quelque petit édifice de nature inconnue. A côté s'élevait très probablement l'un des trésors des déesses (G) (1). Chacune des deux déesses avait son trésor particulier, édifice en forme de temple destiné à recevoir les offrandes précieuses et l'argent qui ne pouvaient être gardés dans le temple même.

J'aurais pris l'édifice K pour le second trésor, si les rares vestiges qui nous en restent ne faisaient croire à une construction de l'époque romaine. Mais peut-être l'édifice a-t-il existé en des temps plus anciens et, détruit, on ne sait pour quelles causes, a-t-il été rebâti de fond en comble sous les Romains

A gauche de la *voie des Processions* on ne trouve pas de vestiges d'anciens édifices. Il se peut d'ail-

----

(1) A l'angle on voit un tas de tuiles en marbre de Paros provenant du temple des Pisistradides brulé par les Perses.

leurs qu'il n'en ait jamais existé en cet endroit. Mais du mur de soutènement même il, ne reste plus qu'une petite partie. Celui qu'on voit maintenant je l'ai fait construire pour la solidité de la voie. La partie conservée et le dallage de la route sont une réparation d'époque romaine. Cela se voit à l'emploi de la chaux comme ciment; les Grecs ne se servant de la, chaux que pour enduire les murs.

Nous voilà arrivés au *Télestérion*. Nous avons devant nous une salle carrée (52 m X 52) entourée de gradins les uns taillés dans le rocher même, les autres artificiels. Les huit rangs de gradins de la salle, sauf au droit des portes, (m, m^1, m^2, m^3, m^4, m^5) se continuaient tout autour Sans doute que ces gradins servaient de sièges. La salle contenait quarante-deux colonnes dont on retrouve toutes les fondations, quelques bases en pierre d'Éleusis et quelques tambours en pierre poreuse. Des autres membres d'architecture il ne reste plus qu'un certain nombre de triglyphes et de chapiteaux, des morceaux de la corniche et quelques métopes. Tout cela montre une transformation complète du Télesterion sous les Romains. Dans l'assise de marbre de la porte *m* se trouve encastrée une pierre portant une inscription de l'époque macédonienne. Dans les fondations de la colonne VII de la 6e série était encastrée le piédestal dont on peut lire maintenant l'inscription. Le plus ancien Téléstérion, renversé par des tremblements de terre, ou détruit par un incendie, a dû être rebâti à neuf vers cette époque.

Sous les ruines du *Télestérion* romain, sont les restes du Téléstérion ou plutôt des Télestérions plus anciens. On a marqué en vert-clair sur le plan les rares vestiges du *temple* primitif, celui-là même qui fut construit par ordre de la déesse (pag. 28). Mais ce temple, devenu trop étroit, quand, après la conquête d'Éleusis par les Athéniens, les mystères devinrent la religion officielle de la Republique athénienne, (pag. 49), fut démoli et sur ses ruines Pisistrate éleva le temple, que j'ai marqué en bleu. Ce Télestérion, était également une salle carrée (27 mètres de côté les murs compris), contenant 25 colonnes et précédée d'un Portique dont le dallage s'est conservé en partie. Les colonnes montrent clairement l'existence d'un étage. Pour moi, j'ai la certitude que ce Télestérion était entouré aussi de gradins (1). Il fut brûlé par les Perses (Hérodote 9.65) en 480 avant notre ère. Après l'expulsion des barbares, les Athéniens, sous Cimon, entreprirent une restauration de ce temple dont on voit quelques vestiges dans les fondations des colonnes marquées en jaune (2). Il paraît que

---

(1) On fera bien d'examiner les gradins X⁵.

(2) On distingue dans le rocher l'entaille pour la plantation de ces colonnes particulièrement aux lettres γ—γ—γ. A la lettre γ^1 elles se confondent avec les colonnes de l'époque romaine VI et VII.

5

cette restauration avait un caractère provisoire. On songeaint dès lors à donner au Téléstérion à peu près le double de la largeur du temple des Pisistratides sur une longueur proportionnée. De là les 42 colonnes (21 + 21) des temps romains. Mais on ne sait pas pourquoi, changeant d'avis sous Périclès, ils bâtirent l'autre moitié (côté sud) sur un plan différent. Ils en prolongèrent la largeur de 25 mètres encore, mais au lieu de 21 colonnes (ou plutôt 28, si on a voulu vraiment unir les deux parties en demolissant le mur meridional de l'édifice de Cimon) on n'en a planté que 8 (1). Il nous est à peu près impossible de comprendre aujourd'hui comment la moitié du Télestérion bâtie sons Périclès a été reliée à l'autre moitié bâtie sous Cimon pour former un ensemble. Sous les Romains, ces deux parties réunies formèrent la salle que nous avons devant nous et qui a été prolongée de 2 m. environ du côté (2) occidental.

Non seulement le témoignage de Plutarque (voir p. 56) mais aussi la présence des colonnes nous forcent à conclure à l'existence d'un étage.

---

(1) On ne voit plus que les traces de 3 de ces colonnes 6—6—6. Des autres il reste les fondatfons qui ont été remblayées de nouveau.

(2) Il est clairement prouvé par les gradins de l'angle nord-ouest (F2) que cette prolongation s'est faite à l'époque romaine. Il va sans dire que le rocher du côté ouest n'avait pas alors son aspect actuel.

Cet étage était probablement ce qu'on appelait le *Mégaron* ou l'*Anactoron*. De fait, à mon avis, l'*Anactoron* proprement dit, où l'on gardait les *hiéra* et où seul le hiérophante avait libre accès, (2) d'après le témoignage d'Élien, ne pouvait faire partie que de cet étage. L'*Anactoron* était surmonté de l'*Opaion*, dont parle Plutarque. Cet *Opaion* devait avoir à peu près la forme des coupoles de nos églises ; de nombreuses fenêtres resplendissantes de lumière pendant les veillées sacrées le rendaient visible au loin.

Dans la salle que nous avons devant nous le sol est formé, actuellement, par la roche vive même ou simplement par de la terre, lorsque le rocher se trouve à une trop grande profondeur. Mais celui-ci est, par endroits, fort inégal. Entre les colonnes IV et V de la 3e série notamment, une saillie du rocher a été menagé et s'élève de 0,28 au dessus du sol voisin pour atteindre et dépasser même le niveau des bases rondes de ces colonnes. Que faut-il donc supposer ? Que la salle possédait un second pavé artificiel de beaucoup plus élevé que le sol actuel et cachant forcément les bases rondes des colonnes, bases qui, pour cette raison, étaient la seule partie des colonnes faite en pierre d'Éleusis ? Ou bien faut-il admettre que ces inégalités ont été laissées ex-

---

(2) Et le Phaidyntès naturellement et tous ceux qui avaient soin des hiéra et des effigies des déesses.

près ? Dans ce cas il faudrait également supposer l'autre moitié du Télestérion, la partie orientale, où le rocher se trouvait à une profondeur beaucoup plus grande, construite de manière à présenter les mêmes inégalités qui servaient peut-être aux fatigantes et interminables courses dont parle Plutarque. La première des ces hypothèses est, à mon avis, la seule exacte, du moins pour l'époque Hellénique. Car sur l'emplacement du Télestérion des Pisistratides on retrouve les vestiges d'un dallage en pierre poreuse. Cependant même pour le Télestérion de l'époque romaine j'aurais de la peine à admettre l'inégalité du sol, bien que des innovations aient été probablement introduites dans les Mystères vers cette époque.

S'il faut en croire les témoignages cités plus haut (et nous devons ajouter foi à plusieurs d'entre eux) on doit admettre que vers le milieu du Télestérion, autour des colonnes IV et V de la 3e et de la 4e série, on dressait des estrades en planches pour la représentation du drame mystique. Quelle autre idée peut-on se faire de l'emplacement et de la construction du *catabasion* ? (p. 44) Mais tout cela devait être bien simple et dénué d'artifices sans mise en scène véritable (1), de même que les δρώμενα pendant la représentation du rapt de Coré et des autres scènes du drame. En outre il ne faut pas perdre de vue qu'une grande partie

---

(1) C'est aussi l'opinion de M. Foucart (o c. p.52).

des mystes, empêchés par les colonnes, n'auraient pas pu suivre facilement le spectacle.

Mais de quelle manière leur montrait-on les *hiéra*, qui, j'en ai la certitude, étaient gardés dans l'étage supérieur ? Le plafond de la salle, dont nous ne voyons maintenant que les ruines (1), servant en même temps de plancher à l'étage supérieur, était certainement en bois. Faut-il donc supposer que juste au-dessus des gradins, où étaient installés les spectateurs, se trouvait une ouverture par laquelle on montrait les *hiéra* en les promenant autour de la salle? Ou bien faut-il plutôt admettre que les mystes quittants la salle inférieure montaient par les escaliers O et O' sur le plateau J — J' et entraient dans l'étage supérieur où les *hiéra* leurs étaient montrés par le hiérophante pendant qu'il prononçait les formules d'usage ?

Il faut avouer que ces ruines incomplètes du *Téléstérion* au lieu de mettre fin à nos perplexités en ont plutôt créé de nouvelles. Si l'on y donnait une représentation des Enfers, elle devait être, selon moi, tout aussi simple et *symbolique* (2) sans grande influence sur les sens des spectateurs. Chez les mystes l'imagination et la foi sup-

---

(1) J'emploie ce mot dans le sens que j'ai donné plus haut aux symboles. (p. 35)

(2) La hauteur de cette salle, du Télestérion proprement dit, ne dépassait pas certainement celle du rocher occidental, c'est-à-dire 6 mètres environ.

pléaient au reste. Ils croyaient qu'ils allaient voir telle chose et ils la voyaient.

Tel était le Télestèrion, c'est-à-dire le *Sécos* secret où se célébraient les mystères. Dès le commencement, dès l'époque de l'Hymne homérique, il avait la forme *carrée*, forme différente de celle des autres temples helléniques, tous ses côtés devant être à égale distance du centre. Il avait aussi des colonnes sur toute sa surface (1) semblable en cela aux *salles hypostyles* (2) de l'Égypte puisqu'il supportait également un second étage.

Le Télestérion était précédé d'un Portique. Un édifice semblable se trouvait devant le Télestérion primitif ($r - r^1 - r^2 - r^3$). Mais les vestiges trop rares qui en restent, ont été remblayés. C'est pour cette raison qu'ils ne sont pas marqués sur le plan.

On voit encore le dallage du Portique du Télestérion des Pisistratides. Sous Périclès on modifia le plan de manière à entourer d'un portique les trois côtés du Télestérion Mais cela resta à l'état de projet. Les murailles $n^2 - n^3 - n^4 - n^5 - n^6 - n^7$ sont les fondations de ce portique qui,

---

(1) Les colonnes de plus ancien Téléstérion ($r.-r^1-r^2.r^3$) n'ont pas laissé de traces, probablement parcequ'elles étaient en bois.

(2) De cette ressemblance du Télestérion d'Éleusis avec les salles hypostyles des temples égyptiens, il ne résulte nullement que le culte de Déméter Eleusinienne ait pris naissance en Égypte..

ne fut jamais achevé. La guerre du Péloponnèse qui survint empêcha peut-être l'achèvement des travaux.

Nous possédons des vestiges plus nombreux du Portique qui fut construit un siècle plus tard par l'architecte Philon (p. 56). Les fondations mêmes de ses côtés nord et sud prouvent clairement qu'il s'agit d'une annexe d'époque pestérieure. Le Portique de Philon n'a pu être, non plus, entièrement achevé. A preuve, les cannellures des colonnes qui sont à peine commencées (1). Les murailles n^6—n^8 et n^2—h^4 ont bien l'air d'être des contreforts des angles du Télestérion, mais ils n'ont pas été, à mon avis, construites dans ce but. Les constructions étranges n^5—n—n^4—n^2—n^3 n'étaient autre chose que des ouvertures en forme de puits par où l'on pouvait descendre pour contrôler le nombre des assises des fondations du Portique (2).

Devant le Portique s'étendait la *cour du temple* qui servait à plusieurs actes se rattachant au culte

(1) Sur un tambour de colonne on peut lire le nom Ittar, qui est probablement celui de quelque membre de la Société des Dilettanti.

(1) Tout l'espace (la cour du Temple, comme l'appelaient les anciens) entre le portique de Philon et le mur de l'enceinte, a été aussi fouillé jusqu'à une profondeur considérable. On l'a ramené après, comme on le voit, en partie à son niveau primitif et c'est à cause de cela qu'on a été forcé de faire élever le mur ζ''-ζ jucqu'à leur hauteur actuelle. Mais on distingue très facilement la partie moderne de ce mur.

en même temps qu'il contenait les statues élevées en l'honneur de certains personnages. On y voit encore les bases *en maçonnerie* L, M, N, N² bâties dans ce but. Dans cette même cour j'ai réuni et rangé les autres piédestaux qui supportaient jadis des *statues d'airain*. Plusieurs sont très-remarquables par leurs inscriptions.

En dehors du Télestérion et des monuments dont j'ai déjà parlé l'*enceinte sacrée* contenait plusieurs autres édifices. L'inscription de l'année 329 avant J.C. mentionne avec le Trésor des déesses (p. 63) la garde-robe, où les mystes laissaient en ex-voto les vêtements qu'ils portaient pendant l'initiation, le néocoreion, la maison de la prêtresse, celle des Kéryces etc. Quelques uns de ces édifices étaient très-probablement situés en dehors de l'enceinte. A l'époque Romaine, il y avait certainement, aux emplacements indiqués par les lettres Z et Z', des logements destinés au personnel du temple. Il se peut qu'à l'époque classique il y ait eu sur les mêmes lieux des constructions analogues.

Dans l'enceinte sacrée proprement dite on voit encore les ruines d'édifices dont la destination est inconnue. Vers le milieu du 4e siècle avant J. C. on démolit la *partie méridionale* (T³. — T⁹) de l'enceinte de Periclès pour l'agrandir de ce côté. On y construisit d'abord les chambres *a, b, c, d, e, f,* on ne sait dans quel but, et peut-être aussi quelque portique dans la direction de l'est à l'ouest. Plus tard on y apporta de nouveaux changements. On construisit l'édiflce R—P—Q composé de trois parties, celle du milieu en forme d'ellipse, les deux autres carrées. Nous ignorons la cáuse de ces changements ainsi que la destination exacte de l'édifice P—Q—R. De nouveaux changements eurent lieu sous les Romains. Ayant démoli peut être l'édifice P—Q—R on le remplaça par un portique à deux rangées de colonnes. C'est à la même époque qu'on fit bâtir aussi le portique dans le prolongement sur le côtè ouest (S). L'affluence considérable de mystes à l'époque romaine exigeait, un plus grand nombre de portiques. On transforma fort probablement en bâtiments de ce genre des édifices affectés jadis à d'autres usages qui furent transportés en dehors de l'enceinte.

La lettre u¹ indique les vestiges d'un *antique autel* ; la niche (u) creusée dans le rocher renfermait probablement une statue. J'ignore à quelle construction appartenaient les ruines marquées sur le plan par la lettre M'. Elle avait déjà disparu lorsqu'on éleva le portique de Philon. On avait aussi depuis longtemps fermé la petite porte (g) dont on retrouve le seuil, ainsi que les deux colonnes des *Propylées* qui le precedaient. Sur le rocher où l'on voit aujourd'hui la chapelle de la Vierge (F¹) (1) s'élevait à l'époque romaine l'édifice F (tem-

____

(1) Sur la muraille du côté nord de la chapelle qui parait avoir été bâtie sur les ruines d'une église plus an-

ple?) dont on retrouve quelques traces douteu-
ses (1).

Il ne me reste plus qu'à parles des différentes
murailles dont an retrouve à Éleusis des ruines
fort instructives pour l'histoire de la construction
des murs chez les anciens.

On ne peut pas affirmer si la muraille $h—h^1$
$h^2—h^3—h^4—h^5$ a jamais formé un tout homo-
gêne; car toutes ses parties n'offrent pas le même
mode de construction (2). En tout cas, elle est très
ancienne, *antérieure à l'époque des Pisistratides*, et
servait peut-être de mur de soutènement en même temps que d'enceinte au Télestérion primitif
$(r—r^1—r^2—r^3)$.

D'une haute importance est la muraille $N^2—$
$N^3—N^4$ qui formait sans contredit l'enceinte in-

cienne (byzantine?) on peut lire le nom du général Church
écrit de sa propre main en 1827.

(1) J'ai cru moi-même dans le temps que cet édifice qui
a la forme d'un temple avait été élevé probablement en
l'honneur de Sabine, la femme d'Hadrien. Mais on a reconnu depuis que l'opinion d'après laquelle Sabine était
adorée à Éleusis comme une nouvelle Déméter ne reposait
que sur des hypothèses.

(2) De la partie $h^4—h^5$ on ne voit plus qu'un petit peu à
l'extremité. La partie à l'ouest de $h—y$ est la plus ancienne
de toutes.

térieure du temple des Pisistratides. Les fondations, d'appareil polygonal, sont en pierre d'Éleusis; le reste, qui devait avoir de sept à huit mètres de haut, était en briques crues. Ce mode de
construction, employé en Grèce dès le VIIème siècle, apparaît à Éleusis pour la première fois.
Il a été impossible de garder toute la partie en
briques; on en a gardé un morceau comme spé-
cimen pour permettre l'étude de ce mode de construction; on y distingue très bien la dimension
des briques ($0^m.45 \times 0^m.48 \times 0^m 08$).

La partie N^2—N^1 détruite par les Perses fut re-
bâtie, immédiatement après l'expulsion des barbares, par les Athéniens qui employèrent à sa
construction les matériaux provenant du temple
incendié. L'examen de ce mur jusqu'à ses premières assises m'a fait découvrir le tombeau mycénien Ω (1) du contenu duquel je parlerai plus loin.

Les Pisistratides ayant bâti le mur d'enceinte intérieur N^1—N^2—N^3—N^4 laisserent subsister paraît-il, le mur plus ancien h—h^1—h^2. Mais je ne
comprends pas le but des prolongements en forme
de tours, qui semblent joindre les deux murs, et des

______

(1) Ce tombeau était de construction fort simple : quatre parois en pierres sèches de 0.40 de haut sur 0.40 de
large, surmontées de deux dalles. Sous le poids du mur,
qu'elles soutenaient, les dalles se sont fendues au milieu,
mais sans s'effondrer. Le tombeau a été remblayé depuis,
car les eaux s'étant amassées dans la tranchée le mur qui
le surmontait menaçait ruine. Le fond du tombeau était le
rocher même.

petites portes (g¹) du milieu. Il va sans dire que tout cela a été remblayé lors de la construction du portique de Philon, jusqu'au mur S^2—S^3 du temps de Périclès.

Lorsque, sous Périclès, on voulut donner au Télestérion les dimensions qu'il garda même à l'époque romaine, on dut agrandir l'enceinte et bâtir la muraille T^9—T^3—T^4. De la même époque sont les murs δ—δ^1—δ^2—δ^3—δ^4—δ^5 (1) construits pour soutenir le remblai (2) et empêcher que son poids ne portât pas uniquement sur la paroi extérieure du mur T^3—T^4.

Vers la fin du 4e siècle (335—325 avant J. C.), on prolongea davantage l'enceinte vers le sud en construisant le mur T—T^1—T^2—T^3. De là l'étrange apparence de la tour T^3. Lorsqu'elle fut bâtie, sous Périclès, c'était une tour d'angle comme la tour T^2. Actuellement elle est à demi engagée dans le mur. On démolit, naturellement la partie T^3—T^9 en laissant seulement ce qui était nécessaire à la construction des chambres a–b-c d-e-f (voir p. 72). Quand celles ci furent démolies pour faire place à un autre édifice. ce pan de mur fut détruit à son tour de manière qu'il reste

---

(1) On ne voit plus que le mur δ^4—N dans sa partie inférieure, la partie supérieure étant une adjonction moderne. Les autres murs ont été remblayés de nouveau.

(2) Ce remplai, artificiel, était pour la plus grande partie fait de sable de rivière.

maintenant fort peu de chose de la partie méridionale (T^3—T^9) de l'enceinte de Périclès.

Le côté nord de l'enceinte n'a subi, semble-t-il, que des changements peu importants depuis l'époque des Pisistratides. L'enceinte de Périclès fut reliée au mur de Pisistrate, de sorte que le pan N^3—N^4 de se dernier continua, ce semble, jusque sous les Romains, à faire partie de l'enceinte intérieure. Je dis de l'enceinte intérieure, car dès le temps des Pisistratides il y avait une seconde enceinte, t^2—T^5—t^1—T^6—t—T^7 dont une partie a été entièrement restaurée sous les Romains. Ce mur T^6—t—T^7 s'étendait vers l'ouest et entourait semble-t-il, l'Acropole entière, peut-être jusqu'à la Tour franque (p. 11). Mais à l'ouest le sanctuaire était séparé de l'Acropole par le mur J^1—J^2 qui servait en même temps de mur de soutènement et empêchait les terres et les eaux d'envahir le sanctuaire. Nous ne savons encore rien de précis sur la muraille qui entourait l'Acropole à partir du côté méridional Le mur o—o^1 à été bâti à une époque très-postérieure, probablement au commencement des invasions barbares

Dans l'antiquité comme de nos jours, Éleusis manquait d'eau. Sous les Romains on construisit d'immenses citernes en dehors de l'enceinte aux emplacements Z^2 et Z^3. Elles étaient probablement alimentées par l'aqueduc dont on retrouve encore de nombreaux vestiges dans la plaine. Les anciens avaient creusé des citernes dans le rocher de l'Acropole ; devant le Musée on peut en voir une qui sert encore de reservoir.

Sur le versant sud-ouest de l'Acropole et à quelques pas à l'ouest du Musée on trouve une autre construction en *forme de citerne* que d'aucuns supposent être un tombeau préhistorique, La question me paraît douteuse, mais, je n'ai pas eu le temps d'en faire un examen approfondi. Dans la plaine, près du village actuel, on voit çà et là des débris de constructions d'époque romaine On notera, sur l'emplacement de la nouvelle église, les vestiges d'un bain romain. Beaucoup de débris aussi sur la côte, où se trouve un brise-lames ancien.

LE MUSÉE

On peut-dire que parmi les musées de province celui d'Éleusis, à l'exception de ceux d'Olympie et de Delphes, tient le premier rang. La construction a coûté 15,000 dr. et l'on en a dépensé 3 ou 4.000 pour le classement des antiquités. Malheureusement les monuments les plus importants ont été transportés à Athènes pour enrichir le Musée National.

Avant d'entrer dans le Musée jetons un coup d'œil sur ces deux colonnes en forme de torches.

Nous ignorons à quel édifice elles appartenaient. Les ayant trouvées dans la chapelle de St-Zacharie, je les ai fait transporter et placer devant le Musée.

Dès l'entrée, les regards sont immédiatement attirés par un grand haut-relief en marbre du Pentélique, placé contre le mur en face de la porte. C'est une œuvre d'époque romaine (1er siècle avant J.C.) sans souffle, mais d'un travail soigné. Ce qui en fait le prix, c'est sa haute importance pour l'étude de la mythologie éleusinienne. Au milieu de la composition Triptolème est représenté assis sur son char traîné par des dragons. Devant lui Déméter assise, lui présente une gerbe d'épis. Au fond Coré tenant des torches. Devant Déméter, un enfant qui tient un épi, derrière une figure de femme (la femme de Lacratidès ou *Eleusis* ?). Derrière Triptolème, dans l'autre moitié du haut-relief figuraient Pluton, le *Dieu et la Déesse* deux divinités qu'on n'osait pas appeler par leur nom ; derrière Pluton, à l'arrière-plan, le prêtre Lacratidès, celui qui avait offert le relief, et au bout à droit du spectateurr Eubouleus tenant une torche. En un mot, tous les dieux et héros qui étaient l'objet d'un culte particulier à Éleusis. Tous les morceaux du relief ont été trouvés dans l'anceinte du temple de Pluton (E—É).

A la légende de la mission de Triptolème se rapportent également d'autres reliefs placés à droite de l'entrée. Le plus grand est remarquable

par son exécution (4e siècle avant J C. Style de
Praxitèle). Il a été trouvé au même endroit.

A remarquer également dans la même salle
deux statuettes représentant Poséidon et Bacchus
(époque romaine), une statue sans tête de Saty-
re, la tête d'Athénâ, (curieuse copie d'époque
romaine de la Parthénos de Phidias) et la statue
d'Antinoüs.

Dans la salle adjacente à droite se trouvent les
vases et les statuettes en terre-cuite. Le musée
d'Éleusis est très-riche en vases du style géomé-
trique qui ont été découverts dans des tombeaux
au pied du versant méridional de l'Acropole, à
moins d'une centaine de pas du Musée. Plusieurs
sont intacts. Les débris des autres se rapportent
à presque toutes les formes connues ; mais sauf
pour des archéologues de profession, ils n'offrent
pas d'intérêt à qui a déjà visité les musées d'Athènes. Il faut cependant accorder une attention
spéciale à une certaine espèce de vases que l'on
n'a trouvé jusqu'ici qu'à Éleusis. De forme très-
variées ils servaient probablement de brûle-par-
fums et sont la plupart, *dorés* par un procédé qui
dénot un art supérieur. Dans la même vitrine on
voit les vases provenant du tombeau mycénien
dont j'ai parlé plus haut (p. 75.); en outre cinq
autres vases trouvés dans un tombeau d'enfant
de la même époque et des débris également de
style mycénien découverts en différents endroits.

Les figurines en terre cuite, la plupart de style

archaïque, n'offrent que peu d'intérêt. On voit
pourtant quelques têtes de femme du beau style,
remarquables surtout pour leur coiffure.

Dans la salle du milieu, à noter particulièrement les reliefs adossés aux montants des deux
portes L'un d'eux porte une inscription, un
décret du peuple et du Sénat d'Athènes, pour la
construction d'un pont sur les Rheitoi L'inscription est surmontée d'un bas-relief qui représente Minerve tendant la main au génarque des
Éleusiniens, derrière lequel se voient les deux
déesses Déméter et Coré. En face, un bas relief
funéraire de la belle époque (fin du 5e siècle)
offrant une certaine ressemblance avec l'*Hégéso*
du Céramique d'Athènes. Le troisième relief
représente les deux déesses : Déméter assise des
épis dans une main, un sceptre dans l'autre ; devant elle Coré, debout, une torche dans chaque
main. Ce relief date des années qui ont sui-
vi immédiatement les guerres médiques (480–
460 avant J.C.). Le modelé des figures n'est pas
encore parfait ; mais il annonce déjà l'art de Phidias. Sur le quatrième relief, on voit un combat
de cavaliers Athéniens contre des hoplites Spar-
tiates qui, d'après l'inscription, eut lieu en 411
avant J. C. Si ce relief s'était conservé en entier,
ou si la partie qui subsiste n'était pas affreuse-
ment mutilée, nous aurions là une œuvre d'art
remarquable de l'époque de la guerre du Péloponnèse.

6

Au milieu de la quatrième salle (sur laquelle s'ouvre la seconde porte du Musée) se dresse une statue sans tête, sans doute une Déméter. De la main gauche, la déesse relevait son manteau ; de l'autre, elle devait tenir un sceptre. Si ce n'est pas une œuvre du 5e siècle, du moins y doit-on voir la copie d'une statue de cette époque. Les draperies ont encore quelque chose de sévère, mais il y a tant de vie dans le corps, dans le sein surtout ! L'exécution négligée du manteau s'explique peut-être par le fait que la statue était destinée à être vue seulement de face.

On devra examiner dans la même salle le buste de la femme qui porte une corbeille sur la tête. La restauration et la mise en place n'en sont pas allées sans peine. Il y avait à Éleusis deux bustes pareils ; l'autre, également incomplet, fut enlevé en 1803 par un Anglais et transporté à Cambridge, où il est conservé aujourd'hui (1).

Le buste de Cambridge avait été retrouvé sans son bras droit ; je l'ai trouvé dans mes fouilles, et on peut le voir à Éleusis, à côté du buste de la cistophore qui nous est restée. Où s'élevaient les deux bustes ? Peut-être sur la façade intérieure des Petits Propylées. Ils ont été trouvés près de là tous deux et datent de l'époque romaine, probablement du 1er siècle avant J.C.

---

(1) Pendant longtemps, on a pris la c i s t o p h o r e de Cambridge pour une Déméter. Il est inutile de dire que cette opinion était entièrement erronnée.

Une statue archaïque représentant un homme
nu de ceux qu'on désigne généralement sous
le nom d'Apollon, deux autres statues de femme
de style archaïstique un torse de victoire du beau
style peuvent aussi attirer l'attention du visiteur.

Dans la cinquième salle on a réuni les inscriptions, véritable trésor de documents, qui éclairent non seulement l'histoire d'Eleusis et de son
sanctuaire pendant les temps historiques, mais
d'une façon générale, l'histoire de toute la République Athénienne.

ERRATA

P.	l		au lieu de	lisez
12	»	18	1776	1676
14	»	15	l'a	l'ont
16	»	8	fêtes	fête
33	»	28	ne serait-ce	tout cela ne serait-ce
35	»	21	les symboles	ces symboles
37	»	7	n'exluaient pas	n'excluaient
38	n		Je ne	Je n'ai
40	l	15	des mortelles avec des dieux	des mortels aves des dées-ses
44	n		quand et pourquoi	ni quand ni pourquoi
45	l	1	à qui	auxquelles
45	»	16	l'espérance, la foi même sur	cette espérance, cette foi en
47	»	17	la silencieuse	à la silencieuse
47	»	18	le secret	au secret
47	»	19	et l'impatience	et à l'impatience
49	»	18	sont devenus	sont-ils devenus
49	»	19	ont acquis	ont-ils acquis
51	»	26	et n'exigeaient	et qui n'exigeaient
52	»	26	autour une	autour d'elle une
55	»	12	Mais les	Mais après Julien les
59	»	14	subsistant aujourd'hui	qui subsiste
59	»	14	près du temple	il est près le temple

Nous croyons superflu de relever quelques autres fautes d'impression qui tombent facilement sous le sens du lecteur.

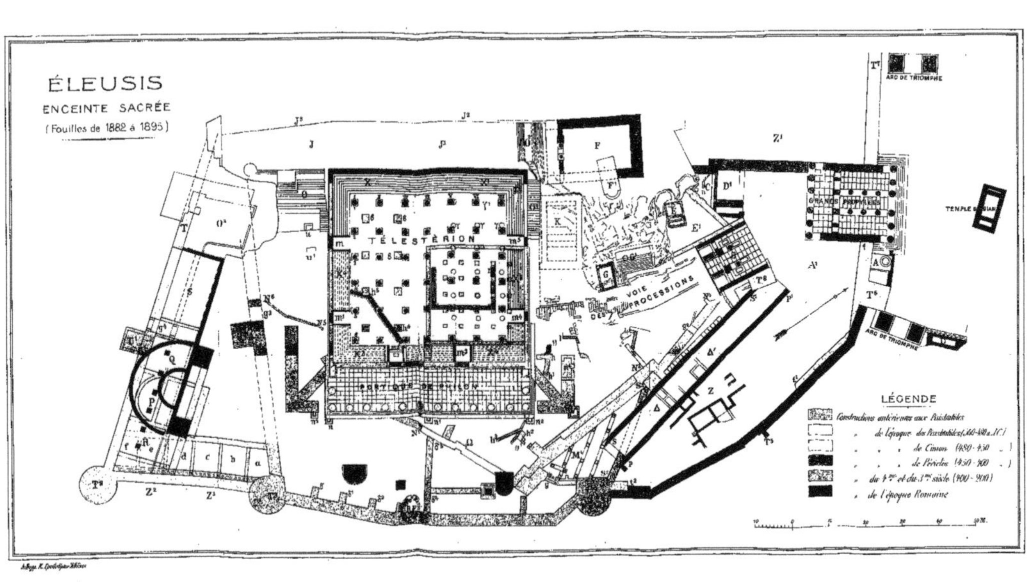
ÉLEUSIS
ENCEINTE SACRÉE
(Fouilles de 1882 à 1895)
TÉLESTÉRION
VOIE DES PROCESSIONS
ARC DE TRIOMPHE
ARC DE TRIOMPHE
TEMPLE ROMAIN
LÉGENDE
Constructions antérieures aux Pisistratides
de l'époque des Pisistratides (560-480 a. J.C.)
de Cimon (480-450)
de Périclès (450-400)
du IV.me et du III.me siècle (400-200)
de l'époque Romaine